U0932553

旧制度与大革命

L'Ancien Régime et la Révolution

Alexis de Tocqueville

〔法国〕阿历克西・德・托克维尔 著

范一亭 译

译林出版社

图书在版编目（CIP）数据

旧制度与大革命 /（法）托克维尔著；范一亭译．—南京：译林出版社，2016.6
ISBN 978-7-5447-6324-0

Ⅰ.①旧… Ⅱ.①托… ②范… Ⅲ.①法国大革命－研究
Ⅳ.①K565.41

中国版本图书馆CIP数据核字（2016）第083725号

书　　名　**旧制度与大革命**
作　　者　〔法国〕阿历克西 · 德 · 托克维尔
译　　者　范一亭
责任编辑　陆元昶
特约编辑　苑浩泰
出版发行　凤凰出版传媒股份有限公司
　　　　　　译林出版社
出版社地址　南京市湖南路1号A楼，邮编：210009
电子信箱　yilin@yilin.com
出版社网址　http://www.yilin.com
印　　刷　三河市中晟雅豪印务有限公司
开　　本　640×960毫米　1/16
印　　张　13
字　　数　113千字
版　　次　2016年6月第1版　2023年10月第4次印刷
书　　号　ISBN 978-7-5447-6324-0
定　　价　32.00元

译林版图书若有印装错误可向承印厂调换

目　录

前 言

我所出版的这本书，并非关于法国大革命的历史。因已有人将该段历史写得无比优秀，本书仅仅是一篇讨论法国大革命的文章而已。

法国人在 1789 年付出了世界上任何民族从未有过的努力，将自己的历史分为了两段，就此在民族的历史与未来之间撕裂出一个鸿沟。出于这样的目的，法国人竭尽全力将历史条件的一切细微的影响抛之于身后，又于其自身施加诸种限制，以期与祖先截然不同，凡可掩盖身世之手段尽皆使用之。

外国普遍以为法国人在这一点上成功实现了目标，甚至国内亦有此种说法，我总是猜想并非如此，也总是抱着如下的怀疑：大革命前后的法国人无意识地保留了旧制度业已教给他们的绝大多数的思想、习惯和观念，他们也正是借助这些东西才成就了大革命；同样是无意识的，他们将旧制度的残存物用作建设新制度的材料。因此，研究法国大革命的正确方法似应暂时忘却眼前的这个法兰西，转而去它的坟墓中考察那个业已逝去的法兰西。这便是我在此书中要努力实现的任务，它的艰巨程度远超我的想象。

对君主制的早期、中世纪时期以及文艺复兴时期的情况已有详细研究。众多作者选择这些时期为研究主题，他们的艰苦劳动不仅使我们熟悉了众多历史事件，而且熟悉了历史上的法律、习俗以及当时的政府和国家赖以建立的精神特质。然而尚未有人想过以同样严谨细致的方式来考察18世纪。我们清楚地了解那个时代表象上所发生过的熠熠生辉的历史事件，拥有翔实记录杰出人物生平的传记，并对该时代涌现出的伟大作家的作品进行了巧妙抑或雄辩之批评，于是我们便以为自己对那个时代的法国社会熟悉无比。然而，对于以下诸方面，我们仅仅有着混乱而又常常错误的理解：商业进行公开交易的风貌，各种制度运行的方式，社会各阶级之间真正的相互关系，那些言行不为人知的阶层的生活状况和感情状况，以及该时代的舆论实情与风俗实况。

我已经努力钻进这个旧体制的心脏，以便深刻地了解它。该时代虽距离我们并不久远，但大革命完全掩盖了它。为了完成这个任务，我博览了18世纪出版的那些著名的书卷；我还研读了诸多相对不知名的作品。这些书的质量的确算不上好，然而，正因为它们的行文显示出较低的创作水准，这些作品恰恰起到“索引”的作用，或许可以更加真实地揭示大革命时代的内在驱动力。我努力去熟悉所有公共的文件，看到当时的法国人在大革命来临之际所发出的舆论和观点。这方面的更多信息则是来自于三级会议的报告以及后来省议会的报告。本书中我自由使用了1789年三大等级各自所编纂的“意见书”(cahier)，这些原初的记录由一大批对开本系列组成，将永久性地成为法国旧社会的见证、革命之前社会各阶层最后意愿的传达，以及该社会最后“遗愿”的确切表达，因而也是一种独特的历史文件。

我的研究并未止步于此。在那些某种至高权力占统治地位的国家里，鲜有思想、欲望或意见能够存于世却不以某种形式为该权力所了解，而利益的创造与激情的涌现则必将在某个时候袒露于该权力面前。这一权力机关的档案既揭示了其自身的运作情况，又揭示了整个国家制度的运行。今天倘若一个外国人能自由接触内政部及其各省分支机构的档案库，他对法国的了解很快便会超过我们自己。读者细读本书将会认识到，18 世纪的法国政府已然高度集权、强力管控，并且影响力惊人：它不断地许可这个、禁止那个，或者施加援助；它承诺很多，也给予很多；政府所施加的巨大影响力遍及经济交易、家庭前景以及个人的私生活。由于政府的行事机制从未公之于众，百姓并不忌讳将自身的最秘密的弱点袒露给它。

我花了大量的时间研究了关于那个时代的政府机制遗留在现今巴黎与诸多外省的史料。[①]如我所预想的一样，我从这些档案中看到了旧制度的真实存在，以及它的种种观点、激情、偏见与实践。我看到人们用自己的语言自由地表达内在的思想，于是便获得了诸多关于旧制度的详情：即便生活在该制度下的人也未必知晓这些详情，因为他们接触不到我所掌握的历史资料。

我辛苦研究之时惊讶地发现，那个时代的法国具有的众多特点在现今我们面前的这个法国同样引人注目。研究过程中我所发现的一系列的感情与思想皆应源于大革命，发现的众多习惯应该都是大革命的产物，于是我发现当代社会方方面面的根源均深埋于旧制度的土壤之中。愈走近 1789 年，我

---

① 我特别详细研究了一些大区，比如图尔（Tours）大区行政公署的办公室所遗留的档案，内容相当齐备，涉及位于法国中心地带的一片非常广阔的区域，人口上百万。感谢格汉麦颂先生（M. Grandmaison），他是一位年轻而又能干的档案管理者。我很满意地从其他大区，包括有“法兰西之岛”或“小法兰西”之称的巴黎地区（Ile-de-France）的行政公署办公室的档案中发现，那个时代王国的绝大多数地区情形基本一致。——作者注（以下未标“作者注”者均为译者注。）

愈加清晰地领悟到产生大革命的精神所在。大革命的真实面貌便也逐渐显露在我的眼前；它的内在特点和杰出特质相当鲜明；它的一切就在眼前。我不仅看到了大革命早期端倪中的秘密，也看到了预示其最终各种结果的趋势，因为大革命历经了两个完全不同的阶段：在一个阶段，法国人似乎意图销毁过去的一切残余；而在另一个阶段，他们又试图恢复一部分他们业已抛弃殆尽的传统。旧制度下的很多法律规范与政治法则在1789年消失了，却又在几年之后重新面世，正如一些河流流淌于地表之下，后又在远方某处出现在地表之上，用同样的水流冲刷出崭新的河岸。

我呈现给公众的这部作品的主要研究目的在于回答以下几个问题：爆发革命的可能性一度威胁着每一个欧洲国家，可是为什么大革命最终却爆发在法国？大革命要毁灭那个旧社会，为什么大革命本身会突然从该社会内部引爆？为什么旧的君主制的崩溃会如此彻底、如此迅捷？

然而我写作本书的意图仍然不止于此。如果时间与精力许可，我希望能跟随这些生活在旧制度之下的法国人，去经历漫长革命的兴衰历程；希望看到他们如何丢弃从旧制度那里借来的老样式，摆出适应形势的各种新样式，同时他们的本性却从未更改，也未借助不同的表达方式来彻底掩盖他们身上一切常见的旧式特征。

我将首先回顾1789年那段岁月：那个时代的法国人热衷于追求自由和平等；他们意图建立民主而又自由的体制，意图消灭特权、认可并确立人权。这是一个青春的时代、热情的时代、光荣的时代，充满着无私而又真挚的激情。尽管错误连连，人们仍会永远记住这个时代。倘若有人企图腐蚀或奴役法国人民，这个时代将永远成为他们的梦魇。

在快速概述法国大革命之后，我将致力于揭示如下问题：何种错误、缺陷和失望促使法国人抛弃了起初的目标、忘记了自由的召唤，却渴望成为那世界统治者的一众奴仆；一个比大革命所推翻的政府更加强大而又专制的政府如何随后攫取并垄断了所有政治权力、镇压了所有付出惨重代价获得的诸般自由，并以空洞的谎言取代了自由的位置；这个政府剥夺了选民获取信息的所有途径、他们集会的权利以及行使选择权的天赋能力，却冠之以民众的主权。这个政府一面宣称税收经自由表决来确定，一面迫使议会以沉默或奴仆般的姿态承受强加给它们的条款；一面剥除了全体国民一丝一毫的自治权、宪法的保障以及思想、言论与出版的自由——亦即剥除了1789年大革命最为珍贵而崇高的成果，一面居然自称与那个伟大时代一脉相承。

我将本书的内容终结在大革命的效应看似彻底显现之时以及新社会创立之初，进而考察那个新社会，试图发现该社会与之前的旧社会何处相似、何处相异，厘清如天崩地裂般的大革命令法国人民获取了什么，又丧失了什么，希望借此能预测我们的未来。这第二个任务的部分内容虽粗略勾画在此，却不值得公之于众：天晓得我是否有足够的时间来完成它？芸芸众生的个体命运甚至比众多国家的命运更加难以预测。

我相信自己写作此书本无偏见，然而并非毫无激情。若一个法国人谈及自己的国家和思考自己的时代尚能平静处之，未免不合情理。我承认在研究其他时代的社会的每一个特征之时自己从未失去对眼前法国社会的观察。一边试图找到社会的“痼疾”所在，从而发现可能的医治之道；一边如同内科医生在检查功能衰竭的器官时试图获得异乎寻常的生理发现。我的目标就在于描摹出一幅完全准确同时引人深思的画卷。我们的先人拥有众多我们如此需要却很少具备的雄浑的美德——一种真正的追求独立的精神，向往真正伟大事物的品位，对我们自己及我们事业的忠贞不渝；每当我在他们身上找到任何这样的气质，我都努力使之凸显出来。同样，有些罪恶曾经摧毁了旧制度并侵蚀着当今社会，每当我从旧时代的法规、思想或风俗中发现了任何这样的罪恶，我都竭力予以曝光，促使我们以它们在历史上所造成的危害为鉴，这对我们的未来也算是个警示。

我承认，为达此目标，我不允许自己受到如下这些畏惧的影响：害怕会伤害个人或阶级，或者害怕令公共的舆论或记忆感到震惊——无论这些个人、阶级、舆论和记忆多么值得尊敬。

追寻这一目标时常令我有些后悔，但从未懊悔过。考虑到我写作本书的动机纯正无私，被我冒犯的人当能宽宥我。

也许有人会指责我的作品表达了最不恰当的对自由的热爱，要我相信法国人业已不再关心这种对自由的热爱。对那些急于指责我的人，我只能回答这种情感由来已久，自我开始写作这些关乎另一个社会的文字以来，二十多年光阴已逝。前景昏暗难辨，却有三个道理或许清晰可见：其一，我们的时代所有的人或缓慢或剧烈地受到一种未知力量的驱使，逐步走向贵族阶层的消亡；我们或许可以对此力量加以控制或削弱，但绝不可能予以遏止。其二，在所有类型的人类社会中，但凡没有贵族制度或者不许可贵族制度的存在的，任何时候都很难抵制独裁专制的建立。其三，专制制度在这样的社会里危害尤甚，原因在于专制制度乃是这样一种制度——易于滋生种种罪恶，自然也会鼓励各种不良风尚从这些社会中滋生。

人们一旦不再因阶层、等级、集体或家族的纽带维系在一起，便极易将所有的思想集中于一己私利上，甘受狭隘的个人主义束缚，由此公共道德便无从谈起。专制制度不仅不与这种趋势斗争，反而助纣为虐，剥夺了公民所有共同的热情、共享的必需品、对共通情感的需求以及共同行动的机会；在私人生活领域更可以说“硕果累累”——公民倾向于一己之利，彼此疏远，是专制制度令他们彼此孤立；彼此冷漠相视，乃专制制度凝固了他们的灵魂。

这类社会不存在固定不变的人生定位，每个人都持续不断地受到欲望和畏惧的鞭策——追求地位的攀升，畏惧地位的下降。金钱是将人划分为三六九等、彼此隔绝的元凶，自身价值变动不居，川流于众人之手，改变着个体的等级和家族的地位高低，因而众人皆被迫不断地拼搏，以期获得金钱、保住金钱。于是世人追求的主要目标在于不惜代价谋求财富，个个都想经营生意，热衷获利，且喜好舒适生活与物质享受。这些目标影响到所有阶级，即便对这些目标尚不明了的人皆不能免。这些目标倘若得不到控制，不久便会削弱民众的意志、降低民众的品格，而专制制度则从根本上怂恿和培育这些目标。此类致人堕落的目标乃是专制制度的天然盟友，旨在阻止人们关心公共事务，致使“革命”一词变得骇人听闻。专制本身便可制造秘密与黑暗，促使人们贪婪而无悔意，为一己私利而尔虞我诈、自甘堕落。没有专制的协助，上述目标已然影响强大，有了专制则更是纵横天下。

但在另一方面，自由能以一己之力与此类社会所必然滋生的种种邪恶相抗争，试图遏制住社会走向堕落。唯有自由的信念可将人们从彼此孤立的状态下解放出来，正是个体的独立必然驱使他们走向孤立。唯有自由的信念可使人们相互联系，从而达成互相谅解、相互辩难直至在共同的关注点上达成一致。自由能以一己之力使他们免于拜金主义的控制，摆脱日常琐碎的功利主义的追求，教导民众并使他们感受到国家就存在于他们的身边、存在于个人利益之上。自由能以一己之力使他们不再沉溺于安逸，却唤醒更加崇高而又活跃的激情；不再迷恋追求财富，却给富有理想的人提供更加高贵的目标；自由产生出的光芒，能够清晰照亮人类的种种美德和邪恶。

这样的社会可以众生平等却不追求自由，这样的社会可以富裕、高雅、华丽，甚至气势恢宏，并因众声一气而颇显力量。这样的社会可以孕育个人的美德，产生称职的父亲、诚实的商人、可敬的土地所有者，甚至虔诚的基督徒——基督徒的“国度”并不是这个现实的国度，恰恰是宗教的荣光促使这些基督徒生活在最腐败的社会之中和最糟糕的政府统治之下，成为优秀基督徒，这种情形在罗马帝国的衰亡时期非常普遍。然而，我所指的这类社会同样绝对无法拥有另一些事物，这就是伟大的公民，尤其是伟大的人民。进而言之，我会毫不犹豫地确认：只要平等与专制结合在一起，该社会民众的心智水平将永远不会停止衰退。

这便是我二十年前的所思所写，我觉得二十年间并没有发生可令我反思或重写这段话的事件。我曾经在人们热爱自由的时代对自由予以高度评价；即使自由惨遭抛弃时，我也不应因坚持上述评价而受到责难。

在此，我必须请求责难者相信我与他们的差别远没有他们想象得那般大。我认为根本不存在这样的人：他生性卑劣，即使相信自己的国家足够美好到善用自由，他也不去遵守自己曾经协助制定过的法律，而甘愿听任某个同胞的反复无常地摆布。专制者认可自由的美好，却只想要全属于他自己的自由，因为除了他自己，全世界都不配享有自由。因此我们在自由的理念上并无二致，差异在于是否尊重同胞。严格来说，一个人对专制的热爱必与他对自己国家的慢待相一致。要想让我接受这种专制的理念，实需等待相当长的时间。

我想我必须说这本书是我辛苦劳作的成果，此话并无过分的自夸。有时写出一个不长的章节竟然耗费了我一年多的时间。本来每一页下方都可以挤满脚注，但我最终只保留了些许几个。这些注释为文中提到的历史事实增添了众多的例子与实证，如果读者认为本书颇有价值，并希求其他例证，我可以提供更多。

第一卷

第1章

大革命爆发之际关于它的各种争议

哲学家与政治家也许已经从法国大革命的历史中学习到宝贵的一课：学会谦虚地对待历史。法国大革命气势磅礴，准备充分，发展周期长，却无人能够预见到它的发生，这些均为史所未见。

腓特烈大帝[①]纵然天赋英才也未能意识到眼前即将发生的大事；可以说，他触摸到了大革命，却未能真正看见它。不仅如此，他看起来总是依据自己的性情行事，事实上正是大革命精神的先驱和代表，但他并未意识到它的临近。最终当它完全露出真容之时，大革命展示出了不同于普通的革命事件的崭新而又不凡的特质，而腓特烈大帝对这一切都未能有所洞察。

大革命在国外激起了广泛的好奇心。它导致人们隐约感到一个新的时代就在眼前。各国都对变革与改革抱有模糊的希望，但无人想到这些变革与改革的结果会是什么。各国的王公贵胄甚至感受不到大革命在本国臣民的脑海中所激起的混乱的预感。他们仅仅视之为一种周期性痼疾的发作，每个

---

① 腓特烈大帝，即腓特烈二世（1712～1786），18世纪普鲁士国王，1740～1786年在位。

国家的政体均难以避免，唯一的作用不过就是促使相邻诸国有机会进行政治改革。即便这些人言中了真相，也不过是无意识的巧合。1791 年德意志各国诸侯在皮尔尼兹宫（Pilnitz）会议上宣称，威胁着法国君主制的危险也正威胁着欧洲所有国家。他们说对了，但心里却根本没当回事。当时的秘密文书证实这些说法只是作为机巧的借口来掩盖他们的真实目的，以免公众察觉。他们完全了解——或者认为他们自己了解——法国大革命只是局部和短暂的事件，不妨加以利用。本着这样的想法，他们制订计划、做准备、组织秘密同盟；却又因眼前的分赃事宜争吵不休，时而妥协，时而分裂。总之，他们方方面面都做好了各种准备，唯独不清楚法国大革命究竟意味着什么。

英国人因本国的历史经验而启蒙，又熟稔于长久享受的政治自由，能够透过浓重的迷雾看清一场大革命如何稳步发展，但他们无法洞察革命的形态，无法预见革命必然对世界以及他们自身的利益会产生何种影响。亚瑟·扬（Arthur Young）①曾在大革命的前夕周游法国，但远未了解大革命的确实的结果，反而担心可能会进一步增强特权阶级的权力。“对于贵族和教士来说，”他说，“倘若这场革命加固了他们的统治地位，恐怕会导致更多的伤害。”

埃德蒙·伯克（Edmund Burke）② 则从一开始就对大革命心怀仇恨，即便他一度有过疑虑。他一开始预测法国如果不毁灭就会衰弱。他认为：“法国此时可以说在政治上将要从欧洲的体系里被清除出去。其能否恢复成为欧洲强国尚未可

---

① 亚瑟·扬（1741～1820），英国作家，学问涉及农业、经济学和社会统计学。

② 埃德蒙·伯克（1727～1797），出生在爱尔兰，18 世纪英国著名政治家、作家和哲学家，下议院议员。代表作为《法国大革命反思录》。

知，但现在我考虑法国并不在欧洲的政治版图上，而且极为确切地说，尚需相当的时日才能使法国恢复到从前的活跃的状态。据说高卢人也曾经能征善战（Gallos quoque in bellis floruisse audivimus）。人们也许将会这样评论我们这一代人，就像过去评论我们的祖先一样。”

人们即使接近现场，判断或许同样不够准确。大革命前夜，法国没有人知道最终的情形。在那个时代的所有“意见书”里，我发现其中仅有两篇似乎暗示着民众的忧虑，畏惧王权——当时叫“朝廷”——保持不恰当的统治权。人们担心三级会议势力太弱、过于短命；恐惧遭受暴力欺凌，这方面贵族尤甚。若干份“意见书”均认定：“瑞士雇佣军应该宣誓永不会攻击法国公民，即便遇到暴乱或叛乱。”倘若三级会议能自由行事，所有不公的事情便能得以纠正；必要的改革虽然涉及面广泛，但容易实现。

与此同时，大革命进程正在逐步展开，如魔鬼露出头颅一般显现出新奇而又可怕的特征。它破坏了众多民权制度、政治制度、风俗、习惯、法规乃至母语；它将政府管治机器击得粉碎，撼动了社会的基础，甚至似乎急于扮演僭越上帝的角色。大革命之火继而燃过了法国边境，并以闻所未闻的手段、全新的策略套路和残暴的思想（即英国首相皮特所言的“武装起来的舆论”），推翻了帝国的众多基石，打破王权，倾轧民众。然而，奇怪的是，大革命却赢得了民众的拥护。直到此刻，人们才意识到一场变革业已降临。随后各国君主与政客开始看到他们曾经以为大革命仅仅是一个普通的历史事件，实则前所未见、史无前例、影响极广、邪恶而又难以理喻，因此这场革命非人类的思想所能把握。有些人认为这种未知的革命力量无法增减，无法阻止，亦无法阻止其自身，从而必将人类社会引入最终彻底的解体。1797 年，德·迈斯特尔[①]（de Maistre）先生评论说："法国大革命本质上如撒旦般邪恶。"相反，其他人则从大革命看到了上帝的作为，推测天意要让法兰西和全世界改天换地，从而创造出更好的新人类。当时好几位作家都感受到某种宗教的恐惧，如塞尔维安[②]（Salvian）在看到异教野蛮人时的感受。

伯克按照他自己的理念如此论述道：

法国失去了旧政府，并以某种方式失去了所有形式的政府。在普通看客的眼中，法国的君主制已然衰亡。然而，依据四周各国的政治态度，法国看起来更像是一个同情或羞辱的对象，而非痛苦和恐惧的来源。但从埋葬法兰西君主制坟墓里已升起一个无边无际、身形庞大而又变化莫测的幽灵，其外形之恐怖绝非常人可以想象，也足以征服任何人的意志。这个令人惊骇的幽灵一路横行，危险不可使之惧，悔恨不可阻之，它蔑视一切平常思想和手段，众人为之倍感惊骇，不相信世间会有此物存在，除非依据这样一些原则：习惯而非本性业已说服他们，这些原则对他们自身的福祉和通常的行为范式非常必要。

那么，大革命的真实情况的确如那个时代的人所描述的那般特殊吗？它真的如人们所说的那样史无前例而又极具颠覆性吗？大革命真正意味着什么？这场奇特而又可怕的革命

---

① 德·迈斯特尔（1753～1821），意大利萨丁尼亚王国哲学家、作家和外交家，也是支持君主制的保守派政治家。

② 塞尔维安，又名塞尔维纳乌斯（Salvianus），公元 5 世纪罗马帝国后期基督教作家。认为入侵罗马帝国的日耳曼异族虽野蛮却具美德，罗马人信仰正统却品性堕落。

真正本质又是什么？它究竟摧毁了什么，又创造了什么？

看起来提出并回答这些问题的时候已到，此刻正是探究和评论这个话题的最佳时刻。激情曾一度蒙蔽了当局者，如今激情早已随着岁月的流逝在我们的眼中烟消云散，而岁月并未削弱我们欣赏大革命时代精神的能力，那种精神曾激发出那些当局者的斗志。然而这一切不久将会变得艰难起来，因为众多成功的伟大革命都会遮蔽当初引发革命的原因，后人便只能看到成功的结果，难以理解革命本身了。

第 2 章

一些人的错误推测：大革命最根本和最终的目标并非破坏宗教权威和削弱政治权威

法国大革命起初的行动之一便是向教会发起进攻。在大革命产生的所有热切追求的目标中，反对宗教的怒火率先被点燃，也将是最后一个熄灭。后来，一开始追求自由的热情业已消逝，人们为了追求和平而牺牲了自由，即便如此，对宗教的敌视依旧挥之不去。拿破仑镇压了大革命的自由精神，但他无法消灭反基督宗教的倾向。甚至在我们这个时代，人们向往着借助对上帝的傲慢来补偿在最低级的政府官员面前的奴颜婢膝。他们已经弃绝了大革命的一切自由、高贵、光荣的主张，却自以为只要不敬上帝便依旧能忠诚于大革命的精神。

然而，如今最容易的事情莫过于自信地断定反宗教的战争只是大革命过程中的一个插曲，是大革命的一个令人印象深刻却稍纵即逝的表象特征；断定它只是大革命之前的思想、激情和历史事件的短暂产物，而绝非大革命自身的成果。

人们通常认为——事实上也的确如此——18 世纪的启蒙哲学乃是引发法国大革命的主要原因之一。不可否认，当时的哲学的确相当不敬宗教，但这一哲学也是由两个截然不同的方面所组成的。

一个方面或体系包含了所有关乎社会的崭新或复苏的新观点以及民事和政治的法律原则。比如，人生而平等；最终废除所有的阶层、阶级或职业的特权；民众拥有至上的权力；整个社会体制的无上权威；所有法规保持一贯性，等等。这些主张不仅是法国大革命的原因，更可以说就是它的实质；它们组成了大革命事业最根本、最持久、最真实的内容。

另一个体系则完全不同：18世纪启蒙哲学家领袖极其激烈地攻击教会；他们抨击教士阶层、等级制度、各种制度与主张；为推翻这些制度，他们试图彻底根除基督宗教。但18世纪哲学的这一方面缘起于大革命加以破坏的对象：因此这一体系自然伴随着它的起因一道消失，也可以说随着大革命的胜利而遭到埋葬。我稍后会重新探讨这个重要的话题。在这里我想添加一点看法，以充分解释我的观点。这些哲学家憎恨基督宗教，与其说由于基督宗教的宗教教义，不如说将基督宗教视作一个应该毁灭的政治制度；原因不在于教士们宣称要规范对彼世的关照，而在于他们是地主、封建领主、什一税得主以及现世的统治者；不在于教会在正要建立起来的新社会中难以立足，而在于它在即将被推翻的旧社会中占据着拥有荣誉、特权和权力的地位。

且看时间业已证明了这个观点，也仍在我们的眼前继续证明下去。随着大革命的政治成果日益巩固，大革命反宗教的成果却化为乌有。大革命所攻击的政治制度破坏得愈彻底，它曾经所特别憎恨的各种权力、影响力和阶级就愈加完全地遭到征服，从而在消亡之中不再成为仇恨的对象。最终，教士阶层越来越与之前就在他们眼前衰亡的各种制度保持距离，教会的力量也就能上升得越高，并在人们的思想之中更深地扎根。

这种现象并非法国所独有，欧洲诸国的基督教宗教会都已在法国大革命之后卷土重来。

人们所犯最大的错误莫过于以为民主必然对宗教持有敌意。基督教和天主教与民主原则均毫无矛盾，二者在某些方面都绝对支持民主。的确，过去所有的历史表明，宗教本能总是扎根于民众的心中，所以业已消失的宗教在那里可以找到最后的庇护之所。在民众的意愿和热情占据主导地位的情况下，倘若各种社会制度居然必定趋于推动民众背弃宗教，无疑相当奇怪。

上述关于宗教权威所论，我不妨同样用于讨论政治权威，只是稍加强调。

大革命同时推翻了一切用来管治社会、规范人性的旧制度和旧习俗，于是人们也许自然会认定大革命的结局并非摧毁某一具体的社会制度，而是一切社会秩序；不是某一个政府，而是一切公共权威。人们有理由认为大革命的基本目的指向无政府主义，然而，我敢说这一论断也停留在错误的表象上。

大革命开始后不到一年，米拉波（Mirabeau）①曾在一封密信中对国王路易十六这样写道：

> 将当今的时局与旧政体相比较，陛下当宽慰自己，看到希望。三级会议所通过的议案中一部分或者说很大一部分都对王权政体绝对有利。倘若废除了最高法院、三级会议、教士阶层、一切特权阶级以及贵族体制，就真的一无是处吗？

① 米拉波（1749～1791），大革命前期的法国政治家和作家，提倡立宪君主制。

黎先留（Richelieu）[①]会喜欢天下只有单一的公民阶层的主张，如此天下一统，必有助于王权的实施。对于王权而言，即使几任政府的绝对管治都比不上这一年来大革命的作用大。

此处对大革命的理解使得米拉波看起来更像一位有资格引导这场革命的领袖。

法国大革命并非仅仅旨在变革旧政府，而是意在废除旧的社会模式。它要攻击一切现存的权威模式，破坏各种已有的影响力，抹杀各式传统，以新风尚、新习俗取代一切旧事物。总之，它要将所有业已获得世人尊重和遵循的一切旧观念从他们的脑海中涤荡一清。这一切便显露出大革命所特有的无政府主义的倾向。

然而，如若近距离观察大革命，便能从革命的废墟中发现一个庞大的中央权力，将之前若干个富有权威与影响的要素攫取和聚集在一处；这些要素曾经散布在次要的力量、制度、阶级、职业、家族以及个体之中，甚至可以说散播于整个社会之中。这种新的中央集权自罗马帝国覆灭之后史所未见，为大革命所创造，或者不如说，它直接产生于大革命所制造的废墟。无论说大革命期间建立的历届政权何等脆弱，它们依旧比之前的所有政权强大得多。正如本书不久将要讨论到的，这些政权的脆弱与强大均源自相同的缘由。

就在旧时代的制度土崩瓦解、灰飞烟灭之际，米拉波恰恰洞见了这个单一、统一且宏伟的中央集权。尽管它无比强大，当时的民众却未能洞察，随后的岁月逐渐显露出了大革命的真容。而今，各国君主的眼中则只有大革命：他们艳羡和

---

① 黎先留（1585～1642），法国国王路易十三统治时期的著名政治家，红衣大主教。

嫉妒大革命的伟业、当时涌现出来的众多统治者，甚至那些局外人和对抗大革命进程的死敌。当今的君主们正忙于在各自的领地上一统疆界，废除各种特权，将等级混杂融合，削平彼此间的差别，雇用各级官吏替代贵族体制，建立一套统一的法律体系替代地方自治，并以单一强大的政权替代多个权威并存的政治体系。在此方面各国君主正孜孜劳作，遭逢困难之时也会从大革命那里借鉴一二思想方法。可以看到他们正在挑拨贫富阶层间的矛盾，激起平民反抗贵族、农民攻击领主。因此，法国大革命既是引导这些君主行事的指南，又是引发更多灾难的根源。

第3章

法国大革命既是政治革命，又是过程相同的宗教革命，原因何在？

一切政治革命和民权革命均限于一国范围之内，但法国大革命却超越了国界。它所导致的主要后果之一看起来便是从地图上抹去国家的疆界。人们虽有不同的法律、传统、个性与语言，却在大革命中联合或分裂，敌人成了同胞，兄弟成了对手。甚至更准确地说，大革命超越了国界，创造了一个不分对象的思想的国度，所有人士均可获得这个国度的公民权。

历史上有记载的政治革命没有任何与这场革命相似的特征，但却能从某些宗教革命中找到类似的特征。因此，希望通过类比方式考察法国大革命的人士应将大革命与这些宗教革命相比较。

席勒（Schiller）[1]在《三十年战争史》一书中睿智地评论道："欧洲宗教改革（the Reformation）的显著影响在于它导致本来无甚交往的国家霎时间结成了联盟，睦邻友好起来。"于是可看到法国人与法国人为敌，却与英国人为友；出生在波

① 席勒（1759～1805），德国著名的诗人、哲学家、历史学家与戏剧家。

罗的海沿岸的人长驱直入到德国腹地，以保卫之前他们从未听说过的德国人。当时一切外国战争都带有内战的特点，而一切内战皆有外国人参与其间。诸国之间为了争夺新利益而忘记了旧利益，地域之争让位于原则之争。一切政治与外交的旧法则顿时混乱不堪，令当时的政客们惊讶不已、无比悲伤。1789 年之后在欧洲所发生的事件完全如出一辙。

法国大革命虽是政治革命，却又有着宗教革命的外衣和策略。这二者之间的一些相似点值得进一步加以讨论。前者不仅超越了欧洲的范畴，而且如各种宗教革命一样四处鼓吹宣传。一场政治革命促使民众改变了信仰，其革命主张也在国内外得到同等程度的宣传，这自然是个全新的景象，也是法国大革命展现出来的最为独特的地方，令世人感受最深。但我们绝不应就此止步，而应进一步探寻，看相似的结果是否来源于相似的原因。

宗教通常以抽象的方式影响人类的思维，而不会考虑诸种法律、习俗或民族传统的增益或变迁。其主要目的在于在各种社会制度之外进一步规范人与上帝的关系以及人与人之间的责任。宗教并不关注人所处的具体的国家或时代，而是关注人的身份——儿子、父亲、仆人、主人以及邻居。各种宗教均以人性的基本原则为出发点，适用于各个地区和种族。因此，宗教革命业已席卷如此广阔的范围，而且很少像政治革命那样仅仅局限于一个民族或种族的地域。它们的特点愈抽象，传播范围就愈广泛，便愈能超越法律、气候与种族的限制。

各类异教信仰的古老形式则与政治体制、社会体制多少相关联，宗教教义具有民族或者某种地区的特色，因而很少能够跨越国家的疆界。这些宗教偶尔曾引发针对异教徒的大规模排斥和迫害，但从未导致信仰的彻底改变。因此，基督宗教的建立致使西欧首次感受到宗教革命的力量。这一信仰轻而易举地跨越了曾阻遏过各种异教信仰传播的疆界，并迅速征服了一大批信徒。我希望下面这个论断不会显示出我对这个神圣宗教的任何不敬——在某种程度上，基督宗教的成功源于它不同寻常地同一切民族特色、政权形式、社会制度以及本土或当时的种种考虑分离开来。

如果说宗教革命关心人死后的世界，法国大革命则关心人所在的现实世界，二者原理上完全相同。大革命讨论的是抽象意义上的公民，独立于个别的社会组织；同样，宗教讨论普遍意义上的人类，独立于具体的时间和空间。大革命探究的不是法国公民的具体权利，而是从政治上考量的人类普遍的权利和义务。

因此，大革命尽力摆脱了一切具体的种族或时间的束缚，而且试图恢复社会制度和政府的天然的原则。正是这二者帮助大革命为大众所理解，并能同时传播到不同的地区。

大革命看起来不单单为了改良法国，更是为了救赎人类，由此成了有史以来最为激烈的政治革命，唤醒了无穷的热情。在它的感召下，人们四处鼓吹，纷纷改换信仰，由此具备了那种令观者动容的准宗教特质，甚至转化成一类新宗教——缺少上帝、礼拜或来世这些概念，因此并不完美，但它依然能够拥有自己的斗士、教众和殉道者。

然而，不要以为大革命的一切方法都是史无前例的，或者以为它所产生的一切观点都绝对创新。在众多历史时期，甚至在中世纪最黑暗的年代里，煽动者为了推翻具体的习俗无不诉诸人类社会赖以建立的普遍原则，运用天然的人权观来攻击国家的法律，但所有类似的试验最后均以失败告终。

点燃了18世纪整个欧洲的火炬在15世纪可以轻而易举地被熄灭。这一类的思想观念若要成功，须等待社会条件、习俗以及民众思想的转变，这些业已为新观念的接受奠定了基础。

大多数时代里，人与人之间的差别非常大，因此适用于所有人的一条简单的习惯法规有些人却难以理解；而有些时代却恰恰相反：人们即使以最不清晰的方式理解那条法则，也会急切地愿意接受之。

伟大的奇迹不在于法国大革命所采纳的诸种方法以及它所孕育出来的众多思想。令人称奇的恰恰是，当时人类已然到达了这样一个时刻——这些方法都得到了有效地运用，而这些思想也都迅速得到了接受。

第4章
同样的旧制度如何几乎在全欧洲得以建立，又如何在各地土崩瓦解？

那些推翻了罗马帝国的民族最终建立起诸多现代民族国家，在种族、起源和语言上各不相同，只在文明的野蛮程度上相似。蛮族发现当时的罗马帝国正处在无望的混乱之中，他们的到来又使之进一步加深，帝国灭亡之际废墟一片，于是这些蛮族便在其间建立起各自的国家，彼此孤立。欧洲的文明近乎灭绝，社会秩序不复存在，国家间的交流困难而又危险。各国关注自己的安危，欧洲大家庭一时分崩离析，小国林立，很快彼此之间互相排斥并抱有敌意。

然而，统一的法律体系偏偏从这混沌世界中显现出来。

它们并非借鉴罗马的法律体系，实际上与后者针锋相对，因此后来人们需要利用古老的罗马法来改造和废除它们。这些法律原则非常独特，和比前的任何法律体系完全不同。法律条文彼此间结构平衡，条文整体的紧密程度不逊于任何现代的法典，这些文明处于半开化状态的民族就此拥有了一个真正渊博的法律体系。

我的目的不是要探究那样一个体制如何构建并在欧洲传播开来，仅仅注意到这样的一个事实——在中世纪，这样的体制某种程度上存在于欧洲大陆每个国家，而且在其中很多国家成为独一无二的体制。

我曾有机会研究过中世纪英、法、德等国发达的政治制度。在写作本书的同时我惊奇地发现这些欧洲民族地域相距遥远，差异巨大，各自制定的法律却奇特地相似。在条文细节上的确有着数不清的差别，但它们总体上在各个地域都很相似。每当我发现德国的旧法律体系里的一个政治制度、规则或权力，我知道只要仔细查找就会在法国和英国的体制中发现相似的地方，而且这方面我从未失败过。这三个国家的任何一个均使我能够理解其他两个的体制情况。

在这三个国家里，政权按照相同的原则来运行：政治机构由同样的组织组成，并赋予相同的权力；社会有着同样的阶级结构和等级制度；贵族则在各自的社会体系里占据着相同的位置，享有相同的特权，并显示出相同的天性——总之，可以说，贵族在欧洲任何地方都绝对相似。

城邦的宪法彼此相似，农业区域也以同样的计划进行治理。农业区的条件没有物质上的差别，土地以相同的方式获取、持有以及耕种，农民也付出相同的赋税。从波兰境内到爱尔兰海我们可以找到相似的封建庄园、庄园的法庭、采邑、地租、庄园的权利与义务，以及行会，有时候名字都是相同的。更为不同寻常的是，所有这些相似的制度都有着同样的理念。我想可以断定，尽管文明发展至今业已极大地推动了国际交流并超越了国家间的障碍，但在14世纪的欧洲，不同的社会、政治、行政、法律、经济以及文学制度的相似程度比现在更甚。

我已开始的任务并不要求我必须叙述这个旧的欧洲制度如何逐渐衰亡和崩溃，我只需要说，在18世纪的欧洲，这种制度到处都处于接近腐朽的状态，在大陆的东半部分最不明显，西半部分则最为明显，但旧制度在各地的衰老和消亡却相当显著。

关于中世纪旧制度的记录体现出了它们衰落的历史。众所周知，每个庄园都留存了土地登记簿（terrier），里面记录了采邑与庄园的界线、应交的地租、应承担的徭役以及本地习俗。13～14世纪的庄园土地登记簿在我看来制作得井井有条、明确清晰、富有智慧。而现代的登记簿距离我们愈近愈加显得含混不清、混乱且不完整，似乎社会的文明程度愈高，政治体制反而堕落到以前的不开化的状态了。

欧洲旧的法律体系在德国要比在法国保存得更加完好，但即使在德国，旧的法律体系所衍生的一些政治制度也已经消亡。然而，残存下来的制度要比业已消亡的制度能更好地帮助我们判断岁月对这一切所做出的破坏。

13～14世纪的地方自治制度将当时德国的主要城邦转化为富裕而开明的共和国，到了18世纪这些共和国早已名存实亡了。各种法规名义上依旧存在，官吏仍持有旧时的头衔，似乎也履行着旧时的职责。但昔日的生机活力、民众的爱国热情，以及积极而又高效的美德已经消失。这些古老的旧制度面目依旧，但实质上似已沉沦。

此时，中世纪残存的权力体系都患上同一种“疾病”——衰弱无力，了无生机。不仅如此，一切与中世纪体制相联系并受其影响的事物即使并非产生于这一体系，似乎也一样缺乏生机。贵族一派衰老羸弱之态。甚至在中世纪到处可见的政治自由虽然还保留着过去的特点，却也失去了活力。各省议会虽然总体维持旧的法律体制不变，但不再促进文明的进步，反而在阻碍进步。它们对不断进步的时代精神麻木不仁、置之不理，从而将民众驱赶到了君主制的阵营当中。年代的久远未能使得这些旧体制赢得尊敬，相反越老威望越低；而且不知为何，旧制度越没有杀害力，似乎激起了越多的憎恨。一位生活在旧制度下并完全赞同旧体制的德国作家曾说：

目前的社会状况令我们所有人感到羞耻，甚至可鄙。怪哉，人们何等地蔑视一切旧事物，新风气甚至渗透进家庭事务之中，搅乱了家庭的安宁。我们的家庭主妇们甚至想着要换掉所有的旧家具。

然而，德国同法国一样，当时的社会一片生机盎然、欣欣向荣——注意下面这句话，也是描述这幅图景的一句结束语——但一切生机勃勃、活力四射且富有生命力的力量都是新兴力量，不仅新，而且与一切旧事物势不两立。

王权也与中世纪的情形大不相同：国王的特权不同了，地位不同了，精神不同了，受到的崇拜也截然不同了。地方自治权力日益衰退，中央集权掌控四方，国家的官僚等级体系攫取了贵族的权威。所有这些新的势力均采纳了新方法，并以中世纪从未有过或拒绝接受的准则为行事指南，这些准则的确仅仅适合于一个中世纪的人根本无法想象的社会。

乍看上去好像旧的欧洲体制今天依旧在英国生效，但近距离之观察便会让人识破这个假象。忽略旧的名头和依旧使用着的旧模式，你就会发现封建制度其实早在 17 世纪就被彻底废弃了：所有的阶级自由地相互融合；贵族等级制度日益衰亡；贵族身份向社会开放；财富成为至高的权力；法律面前，人人平等；平等纳税；自由出版；许可公开论辩——所有这些现象对于中世纪社会而言尽皆闻所未闻。旧的社会就此融入了大量的新鲜血液，正是这一点使得旧社会的生命力得以留存，在赋予其新鲜活力的同时并未褫夺其古老的形式。尽管英国仅仅对旧的体制作了改良，依旧保留了中世纪的一些旧势力，但它一跃成为17世纪的一个现代国家。

上述对外国国情所做的匆匆一览对于正确理解本书下面的内容非常重要。如果不去了解法国以外的国家而仅仅研究法国自身的情况，人们就不可能真正理解法国大革命。

第5章

法国大革命的成就究竟何在？

此前的讨论目的在于为回答我原先提过的一个问题奠定基础：法国大革命真正的目标何在？它的独特性何在？它因何产生？成果究竟何在？

一些人曾错误地以为大革命的目标是要推翻宗教信条的神圣性。除去这个表象，大革命本质上乃是一场社会革命和政治革命。它并非意图维持和巩固混乱的局面——其中一位大革命的主要反对者称之为“系统化的无政府主义”，而是要加强公共权威的力量和权利。它也并非如另一些人所想象的那样意图改变我们文明的本质，或者要阻止文明的进程，甚至要从根本上改变任何西方社会赖以维系的基本法则。一些外部的偶然事件对大革命曾产生过短暂的影响，倘若忽略这些事件，集中考察大革命自身的特点，我们就可以看到大革命唯一的结果便是废除了那些统治欧洲长达数百年的各种制度——亦即通常所说的封建制度，从而代之以一个愈加统一而简单的社会与政治组织，并以各个阶层的平等为基础。

单就这一点就需要一场规模巨大的革命。这些旧制度不仅和欧洲一切宗教与政治法律相互关联和交融，而且创造了一系列从这些制度发展出来的观念、情感、习惯和习俗。为了破坏并从整个社会机体中切除掉一个牵连了如此多的“器官”的部分，显然需要一次令人恐惧的“手术”。这使得大革命看上去比实际规模更大，成为全方位的破坏者，因为它所破坏的一切与其他一切事物相关并在某种程度上融入这些事物之中。

我后面将会进一步解释：虽然大革命相当激进，但它的创新之处却比人们普遍以为的要少得多。它真正的成果乃是破坏一切来自于旧的贵族制度和封建制度，破坏一切与这些制度紧密联系或以某种方式具有这些制度印记的事物。这些破坏是彻底的，或者因为破坏仍在进行之中，因此破坏尚不彻底。大革命不尊重历史传统，但一切与旧制度不相容的事物是个例外，但大革命绝对不需要这些旧制度。

大革命绝对不是一个偶然的事件。它的确震惊了整个世界，但也仅仅是长期发展的自然结果，十代人持续努力完成的一项任务就此突然而猛烈地终结。即使这场革命从未发生过，旧的社会体系也迟早会瓦解：不会轰然坍塌，而是一步步崩溃瓦解。大革命则突然而猛烈地产生了本该由时光的流逝才能逐步产生的结果，毫无任何过渡、征兆和慈悲。这便是大革命的成就。

然而，令人惊讶的是，这一事实我们今天如此轻易地就能分析得出，但当时居然蒙蔽了最敏锐的观察家的双眼。比如伯克就这样对法国人说：

你们犯下了错误，却误以为十分美好，认为自己比睿智的祖先走得更远；决心拥有古老的传统，同时想保留住远近时代的忠诚与荣耀；或者由于不够自信，你们未能清晰地洞察几乎湮没了的祖先的法统——倘若只是抱有这些理解，你们只需要看一眼这片土地上的近邻，我们让古老的原则与欧洲旧习惯法的模式一直长久而鲜活……

伯克未能看清楚大革命的根本目的在于废除欧洲的习惯法。他没有认识到正是这一点而非其他方面构成了这场革命运动的本质。

然而，既然整个欧洲社会都已为这场革命做好了准备，那么为什么没有在法国以外的地方爆发？它当时所展示出来的特征在欧洲其他国家要么完全缺失，要么仅仅有部分的体现，原因何在？后面这个问题值得进一步探讨，也将是下一卷的主题所在。

第二卷

第 1 章

与其他国家相比，法国的封建特权更加受到人民憎恨的原因

这里的探讨一开始就遇到一个悖论。法国大革命意在废除中世纪制度的残余，然而，它没有在旧制度依旧生机勃勃、依旧压迫民众的国家中爆发，而是在旧制度几乎没有任何影响力的国家爆发。因为，就在旧制度的枷锁事实上压迫最轻的地方，民众恰恰最难忍受。

18 世纪末，德国全境的农奴制尚未完全废除。总体而言，农民同中世纪一样，依旧依附在土地上。当时玛丽亚 · 特蕾莎女皇[①]和弗雷德里克大帝的军队里几乎所有的士兵都是纯粹的农奴。

1788 年，法律规定德国农民不可以离开庄园，否则会被强制抓回庄园。他们受庄园法庭管辖，若有酗酒等放纵行为或做事懒惰，必遭惩罚 他们不可以提高地位、变化职业，未经主人的同意不可以结婚；人生大部分时间必须用于庄园的各种徭役，必须严格执行为庄园主所做的强制劳役，有些地区

① 玛丽亚·特蕾莎（1717～1780），神圣罗马帝国女皇，1740～1780 年在位，任奥地利女大公、匈牙利与波西米亚女王。

甚至一周占到三天。农民替庄园主维修和打理房屋，将农产品送到市场上出售，并承担车夫和信使的职责。年轻的时候大部分时光都用于庄园里的事务处理。一个农奴可以被许可拥有土地，但他的财产权总是无法得到保障。他必须在庄园主的监督下耕种土地，听从主人的指令；未经许可不可以变卖或抵押土地；有时被迫出售他的农产品，有时又禁止出售；耕种土地是他们的义务，孩子无权继承所有房产，其中一部分必须交还给庄园主。

这些法规并不需要到律法的故纸堆里去搜寻，在弗雷德里克大帝起草的法典里即可找到，就在法国大革命爆发的前夕他的继任者还在推广这些律法。

而在当时的法国这些制度业已废弃很多年了，农民们行动自由，可以毫无阻碍地买卖商品、签订协议和选择自己的职业。残余的农奴制仅仅出现在东部一两个被军事占领的省份，法国境内其他地方均不存在农奴制，农奴制废弃的时间过于久远而难以追溯，近来的细致研究表明诺曼底的农奴制早在 13 世纪就已消亡。

然而，在所有涉及法国农民地位的变革之中，最为重要的莫过于他们最终成为地产的终身保有人。尽管这个事实十分重要，却并不广为人知，因此我想稍作讨论。

人们通常以为土地的分割始自大革命，然而所有的证据都指向反面的结论。

早在大革命爆发之前 20 年，农业社会就已在哀叹农庄土地的分割。同一时期的杜尔哥（Turgot）[①]宣称："到处都在瓜分地产，一份家产本就难以支撑一个家庭，经常又要分给

① 杜尔哥（1727～1781），18 世纪法国经济学家和政治家，倡导经济自由主义。

五六个孩子，结果他们自然难以单靠农业养家糊口了。”几年之后，耐克尔（Necker）[①]评论称小规模农业地产的拥有者的数量已经无比庞大。

就在大革命爆发数年之前，一个庄园的管家向他的雇主秘密汇报说：“地产都被平均分配，情形越来越吓人——每个人都想要分这个一块，分那个一块，农庄不断被瓜分成碎片。”如今我们这个时代不更是如此吗？

我竭尽全力试图寻找旧制度下的土地清册（cadastre），但只成功了一部分。1790年的法律开始征收一项土地税，要求每个堂区（parish）有责任将辖区内现有的地产情况登记造册。绝大多数的登记簿后来不知所终，但我在一些乡村里发现了它们的登记簿。我将它们和现代的土地清册相对照，发现当时的土地产权拥有者的数量达到现在的一半甚至三分之二的比例。考虑到法国人口自那时至今已增长了四分之一有余，这个比例自然相当惊人。

和今天一样，那时的农业人口对获取土地的占有权似乎有一种普遍的狂热。当时的一位评论家认为：“农民们狂热地要成为土地所有人，如今土地的价格远远超过了自身的价值。别的国家下层阶级的积蓄都留存在私人手中或者投资在公共债券上，唯有在法国都用于购买土地了。”

在首次访问法国的亚瑟·扬感到震惊的新奇现象之中，最让他印象深刻的就是当时的法国农民正在持续地分割土地。他估计，法兰西王国一半的土地产权当时掌握在农民手中。“我从未想象过会有这种事情。”他曾经不只一次地这样写道。对于这样的情形他的确无法想象，因为类似的现象从未在法国

① 耐克尔（1732～1804），18世纪法国政治家，法国大革命前任路易十六的财政大臣。

以外的国家以及它的近邻出现过。

英国的农民之中的确有过拥有土地的人，但直至大革命时代数量也极为稀少。在德国也是如此：不同时期在每个地区都存在过拥有部分土地的自由民。最古老的德国习俗曾认可在某种情况下农民可以拥有土地保有权，并在这方面制定了一些古怪的规定，但这种土地拥有者的数量总是很少，而且都是特例。

18世纪末在德国，只有在莱茵河沿岸地区才能找到能够相对自由地拥有土地的农民。也正是在莱茵河诸省最先感染了法国大革命的热潮，并如火如荼地迅猛地传播开来。而那些抗拒大革命影响时间最长的地区既没有自由保有土地的农民，也没有相对的自由。这个事实意义重大。

因此，认为法国的土地分割源自大革命自是一个人云亦云的错误，时间可以追溯到更早。大革命的确将教会的土地和众多贵族阶层的土地予以公开出售，但如果仔细查看买卖记录——我曾很有耐心地这样做过——可以发现大部分出售了的土地都转让到已经拥有土地的人手中，因此拥有土地的人数实际并未有较大的增长。借用耐克尔那个夸张而又准确的词语来说，土地拥有者的数量本就相当“庞大”。

大革命没有分割土地，只是解放了土地的使用权。所有小规模的土地所有人必须承担法定的各种和土地相关的义务，因此极大地阻滞了他们进一步享有土地的产权。

无疑这些必须承担的义务十分繁重，当时的社会状况看起来应该可以减轻土地所有人的负担，相反却使之变得不容易。这场革命和使得他们成为土地保有者的那场革命一样激进，解放了法国的农民，整个欧洲只有他们摆脱了封建领主的统治。

旧制度距离我们的时间虽然并不太久，而且我们经常遇到生在旧制度时期的人，然而它似乎已经消失在时间的暗夜当中。中间的大革命如此激进，今天看来似乎在多年之前就已消亡，如今业已烟消云散。因此，很少有人能对这样一个简单的问题给出正确地回答：法国是如何治理1789年以前的乡村的？书籍或者其他任何地方都无法给出准确而细致的解答，唯有查阅那个时代的官方档案。

我经常听人说尽管贵族阶层停止参与管理王国已经很久，但农村仍旧掌控在他们的手中，庄园主依旧统治着农民。这听起来也像个错误的观点。

18世纪处理所有堂区事务的官吏并非庄园主的代表，不受庄园主的指派，而是由总督任命或农民自行选举产生。官员们担负的责任包括：分配税赋，修理教堂，建造学校，召集并主持堂区集会，管理并监督公共资产的花费，对于所有必要的法律诉讼代表社区起诉和应诉。庄园主不仅失去了对此类琐碎的本地事务的管理权，甚至也无权监督。我在下一章将要提到：所有堂区的官员均听命于政府或中央权力机构。庄园主无法像过去那样作为国王在堂区的代表行事，也无权过问法律的执行、军队的召集、税收的征收、王命的公告以及发放资助。一切都交由新派的官吏负责。庄园主事实上不过是一个个体而已，通过享受特定的豁免权和特权体现出和普通百姓的差别。他和百姓的地位不同，但权利相差无几。因此，总督们只好这样谨慎地提醒下属："庄园主不过就是堂区里所管辖的农民代表。"

各县（canton）的情形与堂区相同，无论从集体还是个人来看，贵族阶层都不再管理公共事务。

但这种情形只在法国出现过，欧洲其他地方依旧部分地保留了旧的封建制度的典型特征，即土地的占有与民众的管治息息相关。英国由主要的土地所有者来治理和管理。在德国某些地区，比如普鲁士和奥地利，统治者一直谋划着如何摆脱贵族阶层对国家事务的控制，但他们仍将农村地区丢给庄园主管治，甚至在某些统治者有能力监督的地区也不愿代替庄园主的统治。

在法国，贵族唯一能够有权参与的公共部门就是司法事务了。贵族代表仍保留有对一些案子的裁决权，法官可以借着他们的名义做出具体判决。贵族偶尔可以在庄园范围内签发治安规则。但他们的司法权已经被皇家法庭削减、限制和监控，结果仍旧享有这个权力的贵族已不再视之为一种权力，而是一种收入的来源。

贵族享有的其他权利也遭遇到同样的下场：这些权利已失去了政治意义，仅仅保留了金钱上的价值，该价值偶尔还得到了加强。

我这里所说的仅仅是那些实实在在的贵族特权，即所谓的封建税赋，因为正是这些税赋给人民带来特别重的负担。

这些税赋数不胜数、名目繁多，因此要说清楚 1789 年到底有哪些税赋不是件容易的事。众多税赋业已消亡，另外一些有了较大的改变，用来描述这些税赋的话语甚至连当时的人都不易理解，我们必定更是不知所云了。当然，如果仔细研读 18 世纪专家对封建法律的专论，并认真研究各种地方习俗，我们就可以将当时存在的封建税赋缩减为一些主要的类型，剩余的则可看作单独的个案。

庄园主的徭役在各地基本上已经废止，但残迹犹存。众多过路费虽已降低或废止，但大多数省份依旧有过路费。庄园主依旧对各类集市征收摊位费，享有狩猎的特权，通常只有他们有权建鸽舍、养鸽子。各处的农民必须去庄园主的磨坊脱谷子、榨葡萄。在法国全境，庄园范围内的土地买卖均须向庄园主缴付变更税。而且，所有的土地拥有者须以金钱或实物的方式抽取地租和收益给庄园主，后者无须偿还。所有这些税赋皆有一个共同特点：一切都针对土地和农产品，一切都针对农民。

身为教士阶层的庄园主享受普通庄园主同样的特权。尽管教会体制与封建领主体制之间在起源、目的和特征上大相径庭，也从未融合为一体，但二者相互紧密地关联在一起，并深深地打上了对方的烙印。

主教、教士与长老们根据他们的教阶拥有采邑和庄园，修道院通常就是所在村庄的庄园式的中心。教士阶层可以拥有农奴，当时法国其他的庄园主却无法拥有。他们施加徭役，收取集市的税赋，拥有着庄园里唯一的烤炉、磨坊、葡萄酒坊，甚至唯一的公牛。除了这些作为庄园主的特权之外，法国的教士阶层像欧洲其他国家的教士一样征收什一税。

然而，我希望引起关注的要点则是：事实上，这些相似的封建特权当时遍及整个欧洲，而法国人民的负担远比欧陆上的其他国家要轻松得多。我想以徭役为例来说明这个区别：法国很少征收徭役，负担也很轻；但德国到处都有徭役，而且负担很重。

不仅如此，诸如什一税、不可让与的地租、无休无止的各种租赋以及土地变更税的这些封建特权曾激起法国先辈极大的愤怒，不仅不公正，而且与文明相悖。借用18世纪有些过激的词语来说，这些赋税构成了“土地的奴隶制”，但在英国多少都存在着这些赋税，有些至今还相当盛行，可是英国的农业如今在世界上最为完善、最富有生产力，英国人甚至都没有意识到这些特权的存在。

那么为什么这些封建赋税曾在法国激起了如此剧烈的憎恨？这一憎恨甚至毫无缘由，却永难熄灭。这一现象部分源于法国农民能够拥有土地，部分源于他们不再受庄园主的管治。当然，同时也会有其他原因，但我认为这两方面应该是主要原因。

倘若农民们不是土地拥有者，他们便不会意识到封建制度加之于不动产之上的众多负担。也只有农民才关注针对农产品征收的什一税，而没有地产的人自然感受不到各种租赋的存在。各种针对地产权的法律限制自然不会给那些为他人耕种土地的雇工带来任何不便。另一方面，倘若法国农民依旧处在庄园主的统治之下，他们会视这些赋税为国家法制的天然的要求，因而也就会更加耐心地忍受这些封建赋税。

如果贵族同时拥有特权和实权，那么他们在治理公共事务时即使使用私人的特权也不会引人注目。旧日封建时代的百姓看待贵族就像今天的人看待政府——为了接受它的庇护就要同时忍受它所施加的各类负担。贵族享有过度的特权并征收繁重的赋税，但同时也维护公共治安、维持公义、实施法治、救助弱者以及管理公共事务。然而，一旦他们停止履行这些职责，民众便能感受到贵族特权所带来的负担，甚至难以理解这种负担有何必要存在。

在此我恳请读者想象一下某个18世纪的法国农民，或者你遇到一位当世的农民，二人无甚差别，生活条件虽大有改变，但本性依旧。依照当时的档案记载，一个18世纪的法国农民十分渴望拥有自己的土地，于是拿出所有的积蓄去购买土地，无论价格多么昂贵。为了购买成功，他必须首先支付一笔税赋，不是交给政府，而是他的几个“邻居”，他们已经毫无权威，也和他一样无权过问公共事务。但他还是买了田地，全身心地投入播种耕作。天下之大，他终于可以拥有属于自己的一小块田地，这个想法每每令他感到骄傲和自由。然而，那几个“邻居”又赶过来强迫他去他们的地里无偿干活。他也无法阻止对方将自己的收成沦为他们的猎物。过河要向他们交路费。同样，交费后才被许可去集市出售农产品。回到家中也无法立即品尝到自己播种和耕作后收获的剩余农产品，他必须去“邻居”家的磨坊脱谷，然后用他们的烤炉进行加工。最后，他那一小块土地的收入的一大部分被交给“邻居”们当作地租，这些地租既不能豁免，也不可偿还。

无论这个农民做什么，他的生活都无法躲避这些“邻居”：正是这些人干预他的幸福，阻碍他的工作，分享他的果实。他终于和这些人打完交道，又有一些身着黑衣的人士露面，卷走了他的大部分收成。你尽力想想这样一个农民的生活状况、需求、秉性以及情感，就可以预见到他的内心该积聚了多少仇恨和积怨。

由此可见，这样一种封建体制虽然已不再是政治制度，可仍旧是18世纪影响最大的社会制度，而它的衰落也正是越来越不受欢迎的缘由。的确可以这样断定：这一封建旧制度虽遭部分毁灭，反而使得剩下的部分受到了百倍憎恨，远甚于其中世纪的盛期。

第2章

“中央集权”并非如一些人所言是大革命或帝制的产物，而是旧制度的产物

一次我参加政治集会，听到一位演讲者称中央集权制度乃是“法国大革命胜利的产物，十分了不起，令欧洲人对我们艳羡不已”。我愿意赞同中央集权是一个了不起的胜利的产物，欧洲人也的确为此羡慕我们，但我不赞同中央集权是一个法国大革命胜利的产物。相反，它是旧制度的一个特点，而且我要说，它是唯一经历大革命之后依然存留下来的旧制度，因为只有它能适应大革命创造出来的社会新环境，读者若能仔细读完本章，也许会相信我所言不虚。

本章伊始，请允许我将那些所谓“三级会议省[①]”（pays d’etats）排除在讨论的范围之外，这些省实际上或者至少表面上部分地控制着本省的行政管治权。

这些省区地处王国的边远地带，人口总计不到全国的四分之一，而且仅仅一两个省还保有省区的自治权。稍后我会回到这个话题上，进一步展示中央权力在何种程度上将迫使

① 三级会议省，指法国旧制度下的若干边远省区，可设三级会议代表本省与王权谈判协商征税事宜，负责本省的行政区划、收税以及修路等公共事务。此类省区在财政上有一定自治权。

它们服从全国一致的管治规则。

目前我的讨论重点在于那些行政上称作"财政区省"(pays d'election)[①]的省区，尽管选举的次数比其他地区少得多。它们主要围绕在巴黎四周，相互毗邻，连成一片，组成法国最为繁华的区域。

看一眼王国的旧政权就能感受到一系列种类繁多的规则、权威和并存的权力。到处都是行政机构和独立的官僚体制，官吏们既已购买到职位更无法被替换。他们的职能经常交叉和重复，看起来必会互相干预，发生冲突。

法庭具有一定的立法权力，可以在其司法权范围内确立有效的法规。它们有时会干预政府的事务，公开否定政府的策略，甚至责难政府官员。基层法官有权在其管辖的城镇签发治安法规。

城市的自治宪章大不相同，行政长官的头衔迥异，权力的来源也五花八门。一个地方称作"市长"，另一地可能称作"领事"，或者"市政官"。有些受国王的指派，有些由过去的庄园主或城市所属领地的诸侯任命；有些职位由民选产生，任期仅一年，有些则是花钱买到的职位，便是终生的头衔。

这些旧的权力机构日渐老朽，然而其中也不乏新近设立或改革了的制度，我会进一步加以描述。就在王国的中心和靠近君主的身边，一个相当强大的集权机构脱颖而出，这就是"皇家内阁会议"(the Royal Council)。

这个机构历史悠久，但大部分职能都是新近设立的。它同时集多个权力于一身，首先是最高法庭：所有更低等级的权力机关受制于普通法庭和高级行政机构的管辖，但内阁可以

① 财政区省，1789年之前法国旧体制下的省级行政区划和议会体制，选举体制后来名存实亡，财政权逐渐受王权控制。

推翻所有普通法庭和最高权力机关的决定。其次作为国王的咨议机构，它以国王的名义掌控着立法权，讨论所有的法规，提交大部分法规，征收和分配税赋。它制定指导所有政府官员行为的政策，确定一切重要事务的决策，并监督所有下属部门的运行。所有政府事务的运转均源自内阁的管控，最终由它抉择。然而它并没有固定而明确的司法权，所有的决策都是国王的决策，虽然看起来都是内阁的工作。即使它的确在履行司法权，借用最高法院在一次给国王的进谏书中的说法，实际不过就是国王的一个集体“智囊团”。

这个内阁没有贵族成员，多出身中下层，但他们都已经担任过各种职责，办事娴熟且表现良好。

内阁办事低调谨慎，虽有权力却毫无装腔作势、飞扬跋扈之态，位近君主，有机会参与每件重要事务的决策，但国王的光芒终究令内阁的权势顿失颜色。

如果说整个国家的行政事务都掌握在内阁这个机构手中，那么近乎一切的内政事务可以说尽皆归于一人的控制之下，即御前财政总管（comptroller general）。

打开昔日的年鉴，可以找到王权在每个省份的特派大臣的名单，但仔细查看具体事务的记录就会发现这些大臣很少处理重要的事务。事情全都由财务总管处理，他逐渐垄断了所有财政事务的处置，亦即一切公共管理事务。他时而行使着财政大臣的职责，时而又行使着内政大臣、公共工程大臣以及商业大臣的角色。

同理，每个省份有一个王权代表已然足够了。至 18 世纪，一些重要的领主被委任为各省的省长（provincial governor）。他们经常成为旧时的封建王权的世袭代表，享有封号，但已无实权，政府的实权均掌握在总督手中。

这一职务并无贵族身份，他通常是来自别的省份的年轻人，急欲建功立业。这一职务并非经购买、选举或继承而来，而是由政府从行政法院（the Council of State）的下层成员中选出，表现良好者方能继任。他代表行政法院派驻在该省，当时的官场称之为“外派专员”（commissaire départi）。他的权力和同僚一般无二，但他的决策不属于最终判决。和行政法院一样，他可以行使行政和司法双重权力，并和各部大臣保持联系。总而言之，该专员在所管辖的省份是中央政府意志的唯一代表。

接着由总督在每一个县级单位委派一名称之为“副代表”（sub-delegate）的官员，表现良好方能继任。总督通常是其家族的第一位贵族，副代表则是永久平民，二者都是各自所在省县范围内的政府唯一代表。副代表听命于总督，而总督听命于大臣。

德尔让松侯爵[①]（Marquis d ‘Argenson）在其回忆录中曾提到，一日，约翰·劳[②]（John Law）对他说：“之前我从不相信就任财政总管之后所看到的一切，你绝对想不到整个法兰西王国其实全靠30位总督统治着。最高法院、等级会议和总督都不重要，只需要这30位高级审查官（masters of request）。各省的福祸贫富全靠这些人了。”

然而，这些有权势的官员的外在光环敌不过残余的封建贵族制度，终究暗淡在后者的余晖之中。因此，即便在他们的势力遍及四方之际，也并未引起民众的注意。贵族在社会

---

① 德尔让松侯爵(1694~1757)，法国国王路易十五的外交部长(1744~1747)，著有日记与回忆录。

② 约翰·劳（1671～1729），苏格兰经济学家，重商主义者，曾任法国国王路易十五的财政总管。

上总是占据优势，人们尊重贵族的地位、财富，给予他们对古老事物般的尊敬。在中央政府的属地，贵族围绕在国王周边组成朝廷，指挥陆军和海军。总之，贵族执行着当时最为人瞩目的职责，也经常为后代所铭记。让一位地位颇高的领主去做一方总督会令他感到侮辱，甚至连他属下地位卑微的绅士亦会鄙视这个职位。在贵族眼中，总督们不过是攫取了驻外权力的一批新手，雇用他们来治理资产阶级市民和农民，怎么说社会地位也不过尔尔。然而，当时正是这批人在治理着法国，约翰·劳这样说过，我们接下来也会有同样的发现。

让我们从征税权入手讨论，可以说这一权力也同时涉及所有其他权力。

众所周知，一部分税收当时分包给了一些金融公司，后者在皇家内阁的领导下负责征收。所有诸如平民税、人头税和二十分之一税等其他税收则由中央政权的代表直接设立和征收，或者由他们全权负责。

每一年皇家内阁都会确定分配给各省的平民税及其附属税收的数量，内阁的会议和决策属于秘密，可是没有人意识到平民税都在逐年增加。

平民税历史悠久，过去由独立于政府之外的地方税吏分配和征收，他们靠出身、选举或购买的方式获得职位，其中包括庄园主、堂区税官、司库和当选的官员等。18 世纪，这些官职依旧存在，只是其中一些拥有这些官职的官员已经完全不负责平民税的征收了，其他一些官职在征税过程中也仅仅发挥次要和从属的作用。此时，总督及其官员完全控制征税事宜，总督负责分配各区的平民税数量，指导和监督税官，税收的迟缴或减免均须经他许可。

更多诸如人头税这样的晚近设立的税收均由政府管理，

不再受制于旧制度的羁绊。财政总管、总督和内阁确认每项税收的数目，所有交税人对税收的征收无从干预。

现在让我们离开金钱这个话题，转而讨论一下人的问题。

大革命之中及之后，法国人能够容忍征兵制的负担，这一点让今天有些人感到惊讶，其实需要记住的是法国人对这个制度早已习惯了。征兵制之前的国民自卫队制度所带来的负担已经颇为繁重了，尽管分摊的比例并不算高。乡村里的年轻人不时地被迫参加抽签，以决定由哪些人去国民自卫团完成六年一轮的服役。

国民自卫队制度时间相对比较短，封建旧制度难以干预，因此完全控制在中央政府手中。所有的配额以及各省所分摊的比例均由内阁确定。总督负责给各个堂区分配名额，副代表主持抽签仪式和指定豁免的对象，即谁可以留在家中、谁必须前去服役。副代表将服役人员交给军事机构，只有总督和内阁有权处理上诉。

需要补充一点，除了三级会议之外，包括纯粹的地方性工程在内的所有公共工程均由中央政权的地方代表决定和实施。

其他的地方机构，比如领主、财政官员以及路政官员，名义上都有权过问这些工程的建设，但大概浏览一下当时的记录就可以得知，这些旧的权力机关实际上很少或者根本不参与工程事务。连接城市的所有公路和道路均使用公共税收的基金来建设和维护。内阁负责道路的规划和分包合同，总督负责监督工程的设计，副代表则召集所需的施工人手。有些堂区道路的维护会按过去的习惯交给本地权力机关负责，这些道路后来竟然无法通行了。

中央政府负责公共工程的主要机构是路桥管理局，这显然已经很接近我们今天的现代管理系统。这个管理局设有一个委员会和学校，巡视员全年在法国全境巡视，工程师在总督的指挥下具体负责工程的进展。大部分被现代社会采纳的旧制度都已经失去了原先的称号，但保留了实际功能，这类制度的数目比想象的要多，但这个路桥管理局倒是非常罕见地同时保留了称号和功能。

中央政府另一项义务就是负责维护各省的治安，小规模的骑警队分散在王国各地，听命于总督。正是借助这些警察部队以及在紧急情况下前来增援的常备军，总督可以应付一切突发事件，逮捕流浪汉，压制乞讨，镇压粮价波动经常引发的暴动。当时的政府很少会像历史上常有的情况那样号召民众协助维护治安，只有城市通常存在一类民兵组织，由总督选拔士兵和任命长官。

各类法庭依旧保留了并经常行使颁布治安法规的权力，但这些法规仅仅在该法庭的司法管辖范围内适用，而且通常针对某一个地方。内阁可以否决这些法规，尤其那些低层法院颁布的法令。同时，内阁不断颁布适用于整个王国的法令，有些仍在法院的管辖范围内，有些则超越了法院的管辖范围。这些法令当时称之为“内阁敕令”(Orders in Council)，数量日渐繁多,到了大革命前夕尤甚。在旧制度的最后40年间,“内阁敕令”遍及社会经济和政治组织的方方面面，任何一个领域要想不受其影响简直不可能。

在旧的封建社会里，领主既拥有广泛的权利，又需要承担广泛的义务。他必须救助领地内的贫困者，这个原则最早可追溯到1795年的普鲁士法典:“领主必须保证贫穷的农民接受教育，他应该竭尽所能为那些没有土地的附庸寻找生存之道，倘若有人陷入贫穷，他有义务提供资助。”

而这样的法律早已在法国废止，被剥夺了权力的领主自然摆脱了应尽的责任，也没有相应的地方权力机构、委员会、省级或堂区的团体来填补领主的位置。法律不再要求任何人照料农村的穷困人口，于是中央政权就草率地承担了这方面的全部责任。

每年内阁从税收总额中划拨给各省一定量的堂区救济款，交由总督负责分配，需要的农民可以向总督申请。发生了饥荒，也是由总督负责分发小麦或稻谷。每年的内阁敕令都会指定若干区域建立济贫院，贫穷的农民可以在那里工作以换得微薄的收入。不难想象，从如此遥远的距离指派的救济一定常常是盲目而随意的，而且总是不够充足。

中央政府并不满足于在贫困的时候资助农民，而是试图教授他们富裕之道，时常给他们建议，甚至采取一些强迫性措施。因此就要求总督及其副代表时常分发经营农业的小册子，创立农业型社会，承诺给付补贴，花巨资设立苗圃以分发各类幼苗和种子。但从来没有人考虑过，如果能削减农民们的负担，那么救助效果应该会更好。

有时候内阁甚至在违背百姓意愿的情况下想让他们迅速富裕起来。无数的敕令强迫工匠使用某些机械设备来生产特定的产品。由于总督无法按照监控规定的施行，政府就派出工业总巡视员到各省替总督到处巡视。

如果内阁认为土地不适合种植某种农产品，就会发布敕令禁止种植该作物。另一些敕令则要求拔除那些种植在内阁认定为劣质土壤上的葡萄藤。由此中央政府便超越了权力所许可的职责范围，将自己当成了民众的监护人。

第3章

如今所谓的“行政监护权”实则源自一项旧制度

法国的地方自治传统在封建制度之后并未消亡。即便领主已经不再负责治理农村，城镇仍旧在很长时间里保留着自治权。至迟到17世纪末，城镇仍旧似一座座小的民主共和国，市长由民选产生。地方自治的情形依旧是活跃的公共生活，市民为享有这些权利而自豪，唯恐失去城镇的独立地位。

然而，1692年，民选被首次普遍废止，之后地方管理权交给了贿选当上的官员，即国王将地方治理权永久出售给了城镇里的某些市民。

这样的决定不仅仅伤害了城市的自治，而且破坏了它的繁荣。但随之而来给司法带来的好处就是法官的独立，这也是发挥司法职能的头等条件。尽管如此，出售自治权给政府的行政职能始终造成了灾难性的后果，而责任、等级和热忱乃是管理高效的重要前提。这方面旧王权的中央政府倒没有再犯错误：总督和副代表的官职并未被出售，因此政府没有将强加给城市的体制应用到自己身上。

也许最令历史鄙视的正是在于这个关于自治的巨变本身毫无政治目的。路易十一削减地方自治是因为他惧怕这一制度的民主特质，对民主并不畏惧的路易十四彻底破坏了自治制度，他许可有财力的城市花钱赎回自治权。他的目标的确不是要毁灭城市的自治，而是拿来做买卖。他的确毁灭了这一制度，但可以说当时只是一个应景而做的财政试验，而且奇怪的是这个实验一做就持续了八年。在此期间，城市先后有七次机会购买民选市长的权利，但又七次在刚刚品尝到这一权利的价值之后遭遇褫夺。每一次变动的动机毫无差异，也毫不掩饰。1722 年的敕令开头就宣称："国家财政的需求迫使我们诉诸这一最为有效的弥补措施。"这一措施自然足够有效，但对于被迫承受这项新敕令的人来说具有十足的毁灭性。1764 年，一位总督在写给财政总管的信中这样说道："我对这些年地方反复用来赎回自治权的巨额花费倍感震惊。倘若能将这些钱花在城市的设施建设上，市民一定会收益良多。实际上，这些职位的买卖只是给市民带来了极大的负担。"这简直使我很难从旧体制中找到另外同此一样可耻的特点了。

很难准确叙述 18 世纪的法国城市是如何治理的，不仅因为地方权力的归属依上文所述不断地更迭，而且每个城市仍保留着一些旧制度和本地独特风俗的残余。也许在当时的法国没有两座完全相同的城市，但城市间的差异具有欺骗性，将普遍存在的相似性隐藏了起来。

1764 年，内阁企图制定一部治理城市的通则，于是要求各省总督汇报辖区内各城市的地方组织情况。找到了一部分报告后我进行了细读并确信当时的地方治理的情形总体上非常相似：表面上各有差异，实际情形到处都一致。

大部分情况下，治理城市的机构有两个，这符合所有大城市以及大多数小城市的情形。

第一个机构由地方官员组成，人数因地而异，即过去称之为"市政府"的乡镇行政机关。城市一旦从国王手中获得或购得自治权，这一机构的成员便经民选产生，有固定的任期。相反，国王若成功地将职位售卖出去，购买者就从购买到的职位上终生受益。——这种职位的出售并不总能成功，因为此类“商品”每次由地方交回给中央政府之后就贬值一次。无论以上哪种情况下，地方官员均无薪酬，但他们都可以享有一些特权和税收减免。所有官员职位平等，且集体决策。任何官员都不拥有监督、独断和负责的特别权力，市长只是主持市政府的工作，但并非整个城市的管理者。

“全民大会”是第二个地方权力机关，只要城市还举行选举，它就负责选举产生市政府，并参与到城市主要事务的管理中来。

15 世纪的全民大会由全体居民组成，上述总督的报告里就有一份报告称这一制度“与先民的民主精神相符”。地方官员由全体居民选举产生，并时常向全民大会问政，并在卸任之际向大会做汇报。这个习俗即使到了 17 世纪末仍有保留。

18 世纪的全民大会不再由所有居民组成，几乎都采取了代表制。必须记住的是没有任何城市的全民大会此时依旧保留民选和民主的方式，而是一律由社会名流组成：其中一些人由于个人的身份地位而得到了席位，另一些人则代表各自的行会和公司，自然要按照后者的利益行事。

18 世纪中后期，个人身份的社会名流在这些大会中的比例不断上升，而行会代表的比例日益减少，甚至近乎为零，但仍有各类社会团体的代表，也就是说，手艺人让位给了城市自由民。但民众不再如许多人想象的那样容易为虚假的自治表象所欺骗，于是不再过问公共事务，待在自己的城市里却如同外乡人。市政官员企图复兴中世纪如火如荼地参与自治的热情，但无人应答，民众甚至对城市最重要的事务都漠然置之。自由选举照旧实施，但不过是披着丧失了的自治权外衣的骗人的遗迹，官员们自然乐意市民能够参加选举，但后者坚决弃权。历史上不乏有着同样景象的时刻：从古罗马的奥古斯都大帝到当今时代，君主们无不善于一面假装维护自由的门面，一面又毁掉自由的本质，以期将民主的道德力量同专制的独特优势结合为一体。然而最终常常机关算尽，他们不久就发现，自由的实质消亡之后，也就无法长久地维持骗人的表象了。

因此，18 世纪法国城市的地方政权已普遍沦为寡头政治，若干个家族为了各自私利控制着公共事务，毫无公心，也无须向公众负责。这一“疾患”侵蚀着法国每个地方政权的机体，总督即便将实情上报，他能提出的解决方案也不过就是进一步削弱地方权力、加强中央集权。

但地方政权已经受到琐碎而又广泛地控制了，内阁不仅常常变更地方政权的组织形式，而且频繁地在总督的建议下为具体的城市制定特别的法规。事先不做任何调查，经常忽视民众的意见，这些法规可以不经过登记程序而直接生效。一个受到此类敕令影响的城市居民曾这样说道：“这样的做法简直震惊了所有阶层的人，没人想过会出现这样的情况。”

未经总督报告和内阁敕令批准，国家严禁任何城市设立关卡、收税、抵押、变卖、租赁或处理财产、提起诉讼以及支配剩余资金。城市所有的公共工程须依据内阁敕令所批准的规划和预算实施，总督及其副代表签发合同，国家的工程人员通常负责对所有的工程加以监督。这些事实一定让那些认为今天法国一切都是崭新事物的人士倍感惊讶。

然而内阁干预城市事务的程度甚至比上述讨论所能体现出来的更加广泛，事实上它的权力范围远远大于法律所限。

我找到了18世纪中期的一个由财政总管写给各省总督的备忘录，里面这样写道："诸位须特别关注各地方机构的所有决策，将它们的一切决策和议论详细记录，并连同诸位的意见一同上交给我。"

总督与其副代表之间的通信表明中央政府插手了王国范围内所有城市（无论大小）的管理事务。一切事宜都要咨询中央政府，后者都会给出明确的意见，甚至对节日都作出规定。中央政府对公共庆典、燃放烟火和张灯结彩都有具体规定。我注意到通信中提到一位总督曾对当地的一些民兵成员罚款20里弗尔[①]（livre），缘由是他们缺席了感恩赞美诗的仪式（Te Deum）。

地方官员也深知自身地位之卑微。一些人给省长这样写道："大人，我们极为谦卑地请求您给予我们您的仁爱与佑护，我们愿遵从阁下之任何指令而不负您的恩惠。"另一些人即便堂而皇之地将自己标榜为"本城之贵族"，也在致省长的信中称自己"从未违逆过大人您的意旨"。

这便是当时即将获得统治权的资产阶级和准备追求自由的民众。

城市接受中央政权如此严格的管束，但愿最终能维持住它们的财政地位，事实上这一点也是空想。有人认为如若没有中央集权制，我们的城市必定会破产，我不清楚是否一定如此，但有一点是确定的：18世纪法国的中央集权制度并未使城市免于破产，该时期金融的历史告诉我们，当时的城市饱受财政问题的困扰。

现在让我们从城市转向探讨农村，便会发现新的权威、

---

① 里弗尔本为法国重量单位，相当于一市斤，这里指法国古代的记账单位，相当于一磅银的价格。

新的模式，但对中央的依赖如出一辙。

我发现众多迹象表明，相对于领主而言，中世纪的农民组成了一个个有一定独立性的社会群体。领主可以使唤、监督和管治他们，但农民可以拥有自己的财产，选举自己的头领，并按照民主的原则管理自身。

在所有的封建国家以及衰落的封建法规波及的属地，都可以找到这一传统的社区制度。英国的情形显而易见。弗雷德里克大帝的法典表明这一制度在六年前的普鲁士尚生机勃勃，而 18 世纪的法国仍能找到这一制度挥之不去的影响。

我记得为了了解旧制度下堂区的真实情况而去检索一位总督的官方档案，当时我惊讶地发现那些贫穷和受到压制的农村社会居然具有我之前在美国的农村所见过的若干特点，这些特点我原本错误地以为仅仅专属于“新世界”[①]的制度。两个地方的社会均由权力相互独立的官员在全民的监督下实施管理，都不存在永久性的代表机构或地方政府，通常由全体居民选举官员和处理重要事务。两个社会如此相像，好似有生命的人体和没有生命的尸体。其实这种情形并不令人惊奇，尽管二者最终的命运截然不同，但都拥有同样的本源。

中世纪的农村教区因远离封建制度且享有充分的自治而近乎于北美的新英格兰的政区（township），后来法国的堂区远离了领主而严格控制在国家的手中，结果就成了下面的情形。

18 世纪法国堂区的官员在各省的人数和职务名称不尽相同。过去的记录表明堂区自治活力充足的时候这些官员的数量比后来堂区日渐衰微时多出很多。18 世纪大多数堂区只有

---

① “新世界”常指代美国，相对于欧洲的“旧世界”而言。托克维尔曾考察过美国并著有《论美国的民主》。

两位官员：一位是征税官，另一位人们常常称为理事（syndic）。通常情况下，这些官员事实上或者形式上经民选产生，他们更多充当了国家的统治工具而不是社区的代表。征税官按照总督的指令征收人头税，而理事们则日复一日地接受副代表的命令，作为后者的代表处理所有关乎公共秩序或政府管理的事务，比如自卫队事务、国家工程和常规法律的执行。

前面已经提到领主不参与政府管理的这些细节，对官员无监督和协助之责。他的权力既已消亡，便拒绝任何用来维持权力表象的手段，而自身的骄傲就足以阻止他参加任何形式的地方政务。尽管他已经不再参政，可他仍然居住在社区并享有特权，这同样会阻止一个正常的堂区管理机构取代他昔日的位置。如此特立独行而又享有特权的人物，结果却起到了反面效应，破坏或削弱了法律的权威。

我后面将会进一步提到，领主居住在乡村，使得所有拥有财富和受过教育的人士不得不涌向城市，结果只剩余一群粗鄙无知的农民居住在领主的周围，根本无法治理自身的集体事务。杜尔哥说得很对：堂区不过就是“一片片简陋的小屋，里面居住着一群同样驯服的居民”。

打开18世纪的档案，对堂区征税官和理事的昏聩、懒惰、无知的抱怨比比皆是。包括大臣、总督、副代表甚至贵族在内的所有人都哀叹这一事实，但无人意识到应该寻找问题的本质原因。

大革命之前的法国农村堂区政府依旧存留了过去中世纪所具有的一些民主精神。在选举地方官员或者讨论公共事务的时候，村子里便敲响钟声，召集所有农民——无论贫富——在教堂门口集合。虽然没有过去的常规讨论，之后也无须公开投票，但所有人可以各抒己见，现场会有一名公证员以书面形式正式记录下所有发言。

这些空洞的自由表象与它们所隐藏的毫无权力的实情两相对照，至少说明最专制的政府也可以采取一些最民主的形式，一方面压迫人民，一方面又以可笑的姿态对民众的真实状态毫不知情，民众的被压迫感由此愈加深重。堂区全民大会看似可以民主地表达意愿，但它和城市的市政府一样没有实施意愿的权力，甚至必须在得到允许后才可以开口表达意见，全民大会必须经总督明确许可才可以召集。如村民常说的那样，这种许可应该迎合“总督的仁慈和意愿”。无论民众意见如何一致，没有皇家内阁的许可，全民大会不可以征税、买卖、租赁或提起诉讼。没有内阁的敕令就无法修补被暴风雨掀翻的教堂屋顶以及坍塌当中的神甫住宅，这项法规适用于一切堂区，无论距离首都远近。我曾看到一个堂区在给内阁的上书之中请求拨款 25 里弗尔。

通常民众依旧有权通过全民投票来选举官员，但总督经常竭力推荐一个候选人，这个人一定能够获得这个人数不多的选民集体的所有投票。有时候总督还会利用他自己的权威宣布先前的选举无效，由他任命征税官和理事，并暂时取消该堂区的选举权。我找到的这种情况的例子数不胜数。

这些地方官员的地位自然无比悲惨：听命于副代表的指令，后者是中央政府在地方上的最低级别的代表，可以对这些官员处以罚款甚至监禁，官员们也无法享有民众本应拥有反抗专断和压迫的任何保障。1750 年，一位总督这样写道：“我下令监禁了一帮带头闹事的家伙，并要求所在地方上缴动用警察的费用。这样一来就很容易让这些人变得听话起来。”这样的情形自然让地方官职很难说是一种荣誉，结果便成了人人都要逃避的负担。

即便如此，残留下来的这些旧的地方自治制度依旧为农民们所珍视，这个制度至今仍是一个法国农民真正明白和关心的政府机构。一个人非常乐意将整个国家交给独裁者统治，却又很难接受在村庄的治理中毫无发言权。由此可见，即便最为空洞的政治形式也依旧拥有残留下来的政治力量。

几乎一切组织机构，只要拥有独立的地位和集体财产，就可以适用上述关于城市和农村之论断。

旧制度的情形简直和今天一模一样：在法国，无论是城市、乡镇、农村和小村庄，还是医院、教堂、修道院和学校，一切机构均无权决定自身的事务或者按照自己的意愿处置财产。结果和今天一样，中央政府乃是全体法国国民的监护人，尽管“监护人”这个词语所含有的傲慢当时尚未显露出来，但事实上早已如此。

第 4 章

行政法院与官员担保制度均出自旧体制

欧洲没有哪个国家的法院像法国这般独立于政府，也没有哪个国家存在如此多的特别法庭，二者互相关联。国王无法管治法官，无权解散、替换、提拔他们，也无法出于权欲或畏惧而控制法官，这一体制日渐成为王权的障碍。国王便欲剥夺法院审判涉及王权的诉讼案的司法权，于是建立起另一类依附于王权的法庭，在民众的眼前摆出公正的样子，实则让国王不再畏惧普通法院。

当时德国的法院从未有过法国那般的司法独立，王权也没有采取类似的预防措施，也就没有所谓的行政法院了，因为国王统治着所有的法院，根本不需要另外设立特别法庭。

浏览一下旧的王权体制在其统治下的最后 100 年间所颁布的诏令、公告以及内阁的敕令，几乎每份文件都会要求所有的纠纷以及由此产生的诉讼必须提交给总督和内阁处理。通常的程序如下文所述：

国王陛下宣布：自本诏令发布之日起，一切相关纠纷、附属诉讼以及由此引发的诉讼等均由总督负责审理、判决，内阁处理上诉事宜。严禁法院和特别法庭审理此类纠纷。

过去的法规和惯例凡未设立上述类似程序，内阁必定以“提审”（evocation）程序的名义加以干预，进而将诉讼的审判权从普通法院手中转至其名下。内阁的档案到处记载了类似涉及提审权的敕令。这样的做法频繁地将实践转化为理论，未成为法律的思想却在公众的脑海中扎下根来：凡有诉讼涉及国家利益或某一法规之阐释，它们即不属于普通法院的管辖范围，因而普通法院的诉讼范围被限制在个体之间的民事案件上。这方面我们如今已有定规，但其本质上来源于旧制度。

那个时代的总督和内阁是唯一有权审理关于收税问题案件的，凡诉讼涉及包括公共运输、交通工具、公路、运河、内河航运在内的一切与公共利益相关的事务，也只有他们有资格审理。

总督们不断陈情于财政总管，催促皇家内阁，以竭尽所能地扩大他们的司法权限。有必要在这里抄录存留其中一位总督请求获得一项提审权时所给出的理由：“普通的法官，应该按法规惩罚和杜绝违法行为；而内阁总是可以为了某个有用的目的超越常规的限制。”

这一原则经常导致总督和内阁要求管辖那些与行政权力联系非常小甚至可以忽略不计的案件，有些案件甚至和行政权力显然毫无关系。一位贵族绅士和邻居对簿公堂，对法庭的判决不满意，于是请求内阁受理此案。处理这件事的总督在他的汇报中说：“虽然本案所涉及的利益均为民事问题，陛下如果愿意总是有权过问涉及一切阶层的诉讼，而无须给出任何理由。”

因骚乱被捕的个人通常以提审的方式在总督和宪兵队长面前受审。粮食短缺的时候常常会有骚乱发生，这时总督会任命若干“大学毕业生”组成一类省级行政法庭来协助总督审理刑事案件。我见过档案上记载的此类机构所宣判的案例，有些领头的罪犯被送去服劳役，有些则被处死。到了17世纪末，刑事审判依旧频繁地由总督负责。

现代法学家们确信自大革命以来法国的行政法规已经取得了巨大的进步。他们宣称：“大革命之前的司法权和行政权混合一处，十分混乱，之后二者得以分割开来，界限分明。”若要正确地理解这里提到的“进步”，就必须要记住：如果说旧制度下的司法权偶有越界的情况发生，但司法权从未完全掌控过自身所管辖的领域。这两个方面都很重要，否则就会对此话题理解错误且片面。的确，法院可以越界对行政公共事务的某些方面立法，但它们也被剥夺了诸多合法的诉讼，从而被排除在自身的管辖范围之外。当初旧制度下的法院错误地拥有了干预政府行政的越界权力，如今我们已经剥夺了法院的这种特权，但我们仍然继续许可政府干预法院的司法权。然而，许可政府要比许可司法部门超越自己的职权范围更加危险，因为后者干预行政权只会破坏公共事务的处理效率，而政府干预司法权则会腐蚀民众的思想，使得他们既热情地参加革命，又甘心被人奴役。

过去60年里，法国制定了九到十部已被长期采用的宪法，其中仅有一部公开宣称政府官员未经政府批准不受普通法院审理。这一条款设计得相当成功，以至于该部宪法遭到废止后这一条款居然幸免于难，且历尽革命的洗礼仍得以幸存。官员都认定这一条款所赋予他们的特权乃是1789年大革命伟大胜利的成果之一，但他们再次犯下了错误。和新近的政府一样，旧的王权制度非常勤勉地致力于保护它的仆人们免于像普通公民那样在法庭里受审。大革命前后的两个时代的区别在于：大革命之前的政府若要救助它的成员就必须诉诸专断和非法的手段；而大革命之后的政府可以依据“合法”的权威肆意践踏法律。

旧制度下，任何中央政府的代表如受到普通法院的审判，内阁通常会颁发敕令禁止法官处理此案，并将该案转交给敕令中所指定的特派员。如当时的一位国家行政法官所言，这样做的理由是普通法院必定会对政府官员持有偏见，因而王权可能会遭到藐视。于是提审权的案例比比皆是，每天都在发生，政府官员不论地位高低，经常都能受到保护。人们只要与政府有些微的关联，皆能从各级权力机构处获得担保，内阁当然除外。一个上缴人头税的农民控告路桥局的监工虐待了他，这时内阁介入此案，总工程师向总督秘密汇报称：“监工无疑应负罪责，但案件没有理由继续下去。对于路桥局来说，至关重要的是普通法院不应该受理徭役劳工对监工的诉讼。如此一来，民众对官员的忌恨便会引发更多的诉讼，不久就会迫使公共工程停工。”

另一个例子则是，一个国家承包商从邻近地区取走他所需要的建筑材料归自己所用，总督亲自给财政总管写信：“如果将承包商交由普通法院处置，由此导致的对政府的伤害无论怎么强调也不为过，因为法院的处理原则与政府的行事原则完全不同。”

这番话业已过去了一个世纪，然而今天看起来，写这番话的官员也许依旧可以出于我们现在的时代。

第5章

中央集权制度如何侵入旧的权力体系，对后者未加破坏却能取而代之？

让我们首先扼要重述一下前三章所论述的主要内容。

一个机构从王国的中心统治着全国的政府，一个大臣管理几乎所有的国内事务，一个政府代表指导一个省份的所有细节，不存在任何附属的政府机构或权力机关可以独立行事，特别法庭审理涉及政府的所有案件并保护政府的成员。这难道不就是我们所熟悉的中央集权制度吗？与我们当今的制度相比，旧制度的形式不够清晰，程序不够规范，过程更不平静，但体系始终未变，旧制度未经历任何增益或削减。只需将旧制度周围的附加成分剥离开来，我们就能看见其确切的原貌。

之前我描述过的绝大多数制度后来在众多不同的国家以类似的形式出现过，但当时的确只为法国所独有。接下来我们来分析一下这些制度如何极大地影响了法国大革命及其后续事件。

然而，这些现代的制度又是如何在法国封建社会旧制度的废墟中找到自己的位置的呢？

这项工程自然需要耐心、技巧以及时间，而非暴力和专断。大革命爆发之际，法国旧的统治体系依旧屹立不倒，但一个新的体系已然从旧的体系内建立了起来。

没有理由证明这个艰难的工程是旧政权仔细策划的结果，相反似乎应该是无意之中获得的成就，本能促使中央政府及其众多代表试图获得尽可能多的权力。过去的官员仅仅拥有头衔和荣誉，但被剥夺了实权，进而逐步引导他们远离自己的权力范围。中央政权充分利用了这些官员的懒惰、自私和各种恶习，却不去改造他们，而是任命总督将其全部代替，这个新头衔甚至在这些官员出生之前尚未问世。

这一变革的唯一障碍乃是司法部门，但运用针对其他部门一样的方式，中央政府早已设计攫取了实权，令其竞争对手徒有貌似强大的外表。最高法院虽未完全从行政事务中被排除出去，但它们的职责被逐步解除，直到最后无事可做。偶尔在比如粮食短缺的时候，民意沸腾，最高法院法官们的工作热情也高涨起来，中央政府便允许他们在此期间行使权力，闹出一番动静，似乎后来的历史也会常常提及法院的这些作为。然而，很快中央政府又会重新接管各项职能，悄无声息地控制着一切人和事。

仔细研究最高法院与王权的斗争就会发现，这些斗争都集中在政治事务上，与行政事务无关。纷争通常以征收新的税收为开端，换而言之，它们争抢的不是行政权，而是双方实际上都无权享有的立法权。

越趋近大革命，这一情形越加明显起来。随着民众的革命热情日益高涨，巴黎最高法院能够更多地参与政治事务。同时，中央政府及其代表根据以往的经验娴熟地夺取了更多的行政权力，而巴黎最高法院日益丧失了行政权力，越来越像一个保民官了。

日复一日，中央政府开拓出新的管辖范围，最高法院则无力跟进，新问题迭出，众多案件无先例可循。社会飞速发展，不断创造出新的需求，中央政府独自便可满足，而每一次的满足都进一步地助长了它的权威。其他一切行政机构的权力范围就此固定下来，唯独政府的权限不断变化，随着文明的发展而步步扩展。

大革命日益逼近，法国人心潮澎湃，一系列新观念涌现出来，中央政府可以独自对这些观念加以实践，于是在推翻这个政权之前大革命事先发展了它。大革命使之连同其他事物一道趋于完善。查阅档案令我们对这一点印象特别深刻。1780 年的财政总管和总督的情形与 1740 年完全不同：制度已然有所转变，人员依旧，但精神大为不同。中央政府的权力不断扩张，得以强化和系统化，也更高效。当最后的专制几近结束之时，它的统治更加专断，然而对民众的压迫却更少。

大革命造成了对这个伟大的王权制度的第一次打击，但随后在 1800 年得以恢复. 当时采用的政府管理机制并非如许多人认定的那样源自 1789 年，实际上仍是旧的王权制度得到了恢复，自此一直保留至今。

如果要问这部分旧制度如何能整体嫁接并融入社会新制度当中来的，我的答案是：大革命并未废除中央集权制，后者乃是前者的预备和先驱阶段。而且可以这么说：中央集权制是一个国家废除贵族制度之后的必然结果。与其说促使它得到建立，不如说阻止它的建立更加困难。其中的一切要素均趋于权力的集中统一，相反，需要应用相当大的技巧才能保持住权力分立的状态。

借重民众力量的大革命一方面破坏了旧体制之下的众多制度，另一方面必定会将这一集权制度保存下来。它能在大革命创建的社会新秩序下找到立足之地，因此人们很容易将它误认为是大革命的一大成果。

第 6 章

关于旧制度下的官僚作风与行事习惯

我们阅读到旧制度下的总督及其上司之间的通信，必定会惊讶地发现昔日的官员与今日官员之间的相似之处。相似的制度产生了相似的人，两个时代的官员在跨越大革命的鸿沟之后即可携手并行。同样的道理可以适用于两个时代之中被统治的民众。立法权对人们思想影响力之大的例证亦莫过如此。

那个时代的大臣们狂热地渴望从巴黎对全国发生的一切事务加以监控。这种欲望在统治过程中与日俱增。到 18 世纪末，即便要在一个偏远省份的任何一个角落建立一家济贫院，也必须由财政总管监督预算，草拟规章和选址；建成之后，财政总管要求知晓所有受到救济的乞丐的名字及其进出济贫院的日期。在邻近世纪中叶的 1733 年，德尔让松先生曾写道："大臣们任务繁重，日理万机，一切事务非经他们处理不可。然而权力广大的大臣未必对具体事务了解很多，此时他们被迫将事务交给下属官员代为处理，后者从心所欲，结果成为这个国家真正的主人。"

财政总管并不满足于收到事务汇报，于是要求上报关于所有公民的详细情况。总督同样要求副代表这样做，然后将这些下属所有的陈述几乎一字不落地重复汇报上去，仿佛他们的确对所发生的一切了如指掌。

中央政府若想从巴黎知晓并控制国家事务，就必须设立无数具体的监控体系。等待处理的文件数量庞大，因此公共事务的处理效率极其低下，在我找到的所有案例中，没有一个村庄能在申请后一年之内获得重修教堂尖塔或修葺教区司铎住宅的批准。通常这样的申请要到两三年后才得以批准。

内阁曾在1733年3月29日的一份敕令中承认："行政程序造成无限期的延误，频繁地招致各种正当的怨言，然而这些程序又都是必须的。"

过去我以为只有当今时代的政府官员特别热衷于应用数据，现在发现这是个错误的想法。旧制度灭亡之前，总督经常收到印发的表格，转而将表格寄发给副代表，后者又分发给理事们，最后由理事填写。财政总管意欲搜集到的这些信息包括土地的性质和耕种情况、农产品的种类和数量、家畜的数量以及民众的习俗等。当时获取到的信息与今天我们的专区区长和市长们所提供的信息一样细致却很不可靠。当时的副代表在表格式的报告中似乎表达了对民众总体上的负面评价：他们重申着同一个意见，认为"农民们本性懒散，只要有可能活下去，他们就不乐意劳作"。这个对于农业的看法似乎为这些政府官员所广泛认同。

两个时代的官僚作风的相似度也同样惊人。与现在一样，当时官员的写作风格平淡、圆滑、模糊而又啰唆，每个写作者将其个性淹没在他所属体制的千篇一律的风格之中。读一位省长的文字，就等于你已经读了一位总督的文字。

18 世纪末的时候，狄德罗[1]和卢梭[2]的文字风格业已渗入到那个时代的语言之中，当时的官员甚至财政官员都采用了他们那种矫揉造作而又多愁善感的风格。这类官方风格通常足够枯燥，变得油滑而又敏感。一个副代表向巴黎的总督抱怨称自己的“情感如此脆弱，若无时常痛彻之悲伤，几乎无法履行他的职责了”。

和今天的政府一样，当时的政府在每个堂区都会分拨慈善款，到要求本区居民必须参与捐助。如果堂区筹集的善款总额充足，财政总管便会在分拨文件的页边处写上“甚好——甚为满意”的批示；如果善款总额绰绰有余，批示便会改为“甚好——甚为满意与感动”。

这些政府官员没有人出身贵族，却组成了一个独立的阶层，拥有自身特有的感情、传统、道德以及荣誉与尊严的理念。他们组成了新社会的贵族阶层，一等大革命扫清了道路就会立即就位。

甚至在那个时代，法国中央政府具有一个典型特征：无论贵族或资产阶级，只要人们未经许可企图私自干预公共事务，政府就对他们心怀憎恨。凡未经许可而成立独立的社会组织，即便再不重要，政府也会存有戒心。只有政府授意成立并由政府控制的社团才可以得到容忍。政府甚至对生产商都心有不悦。一言蔽之，政府反感一切追求自身利益的人，反对竞争，喜欢惰性。可虽然法国人不能够过没有自由的生活，他们却被许可自由讨论一切他们选择的关于宗教、哲学、伦理

---

① 狄德罗（1713～1784），法国启蒙思想家、哲学家和文学家，《百科全书》主编。

② 卢梭（1712～1778），法国思想家和文学家，其思想和著作对法国大革命和欧洲浪漫主义文学产生了巨大的影响。

甚至政治的普通且抽象的理论。只要不涉及政府所属官僚体系，中央政府便能容忍对于社会基本原则的攻击，甚至包括否认上帝的存在，而官员们认定此类言论与他们无关。

那时的报纸又常称作“时报”(gazette)，上面登载的文学作品比政治评论多，但报业的影响力仍令中央政府眼红不已。政府对书籍不太介意，但对报业相当严格，既然不能压制它们，便试图使它们为政府所垄断。我所看到的1761年的一个通告向国内所有总督宣布：“《法兰西时报》此后将置于国王路易十四的监督之下。国王陛下欲使该报有趣且强于其他所有报纸，因此诸位需向陛下汇报各省范围内一切有趣事情，尤其与自然哲学、自然历史相关，以及其他独特及惊人之事。”公告后附有该报纸的发展规划，让民众知晓该报纸比其竞争者出版周期更短、内容更丰富、预订价格更低。

借着这些文件，某省总督要求他的副代表们提供报纸信息，但后者均回复“无可提供”。此时大臣发来第二封信，失望地抱怨该省消息如此短缺，最后说：“陛下命令我告诉你，他严令你关注此事，并给你的下属签发最严格的指令。”如此重压之下，副代表们只好尽其所能。或报告说一个贩卖私盐的罪犯绞死之际体现出了巨大的勇气，或报告说某地妇女生了三胞胎女孩，或报告说下了一场可怕的暴风雨，但幸运的是没有造成任何伤害。另一个副代表则报告说尽管竭尽全力可未能找到任何有趣之消息，但他很乐意个人订阅一份如此有趣的报纸，亦会推荐其他邻居订阅。然而这些不同寻常的措施对报纸实际发行来说效果并不佳，因为有一封信件这样写道：“陛下仁慈地关注能够完善《时报》的最佳手段，意欲提升该报的地位和声望，但效果不佳，令陛下大失所望。”

很容易看到，历史就如同画廊，其间画作真迹稀少，伪作比比皆是。

然而，必须承认，法国中央政府从未模仿过南欧诸国的暴政方针，这种暴政行为结果令这些国家举国萧条。法国中央政权一直积极施政，而且经常想尽办法。然而，政府的活动常常成果寥寥，甚至造成伤害，因为它试图获得超越自身能力的成就，有时甚至超越了人力之所为。

中央政府很少采纳需要耐力和活力的有用的变革，即使采纳了也会不久就予以废弃，但它不断地修改法律，在法国境内从未停止过。新法规频繁更迭，速度快得惊人，官员们自己甚至都不知道在收到的众多指令中该遵循哪些。地方官员曾对财政总管抱怨那些次要法规极度不稳定。他们认为："金融法规本身变化得如此频繁，一个可以终身任职的地方官员无力处置日常事务，而需将所有的时间都花在熟悉所有不断出现的新法规上了。"

即便有些法律本身可以保持不变，实施起来却又变化多端。人们倘若还没有研究昔日官方档案里旧制度的实际运作情况，他们不可能了解法律已经遭人蔑视，甚至法律的管理者也持同样的态度。当时也没有政治集会或报纸来阻止变化莫测的法律变更，以及给政府官员的专断行为设限。

内阁的敕令中很少有不提及撤销以前的和常常新设立的法律事宜，这些常规设立的法律从未真正实施过。皇室的敕令、公告和登记的诏书从未严格执行过。财政总管和总督们的通信充分体现出中央政府总是习惯于容忍各种法规的特例。它很少破坏法律，但也日复一日地任意扭曲法律，以适应具体的案情，或者方便政府提高办事效率。

一个总督曾给大臣写信，谈到一个国家承包商申请免除城市通行费时这样写道：

根据我所引用的法律条文，严格来说的确无人可以豁免缴纳这些费用，但所有熟悉事务的人都知道：尽管大部分设立税收的敕令、公告和诏令里都含有这些无所不包的条款及其相关的惩罚条款，但这些条款并非一定要字字计较、一点特例都不容忍的。

这些话语包含了旧制度的整体原则：严格的条文，但得不到严格地执行——这便是它的基本特征。

倘若试图从那个时代的法律中总结对那个时代的看法，便会犯下最可笑的错误。1757 年的一个皇家公告称将所有攻击宗教和政府的书籍作者和出版商判处死刑，销售此类书籍的书商和叫卖书籍的商贩同此处罚。这样看起来难道回到了圣·多明我[①]（Saint Dominic）的时代？不，当时正是伏尔泰[②]（Voltaire）一呼百应的时代。

如今有人抱怨说法国人蔑视法律，唉，法国人又何曾真正尊重过法律呢？公正地说，旧制度下的人脑海里从未容留过本该有的法律意识。申请人常常请求在处理他们自己的案件时违反已经设立的法规，态度如此认真和严肃，仿佛他们是在要求诚实地执行法规。中央政府也不会关注该法律条款问题，除非要驳回他们的请求。民众听命于政府出自习惯思维而非理性选择，无论何时他们揭竿而起，规模最小的骚乱也会引发暴力行为，而这些暴力行为最终并非以法治的方式平息，而是通过暴力和专制的压迫来加以镇压。

---

① 圣·多明我（1170～1221），西班牙天主教教士，贵族出身，1215 年创建多明我会。该会为天主教托钵修会主要派别之一，强调布道和劝化异教徒。

② 伏尔泰（1694～1778），法国启蒙运动思想家、作家和哲学家，主张开明君主制。

18 世纪的法国中央政府并没有制定之后的政府所拥有的那样强大而有效的宪法，尽管如此，当时的政府彻底地破坏了一切中层权力机构，造成在政府和民众之间形成巨大的空间。中央政府似已成为整个社会机器的动力所在，也是整个国家社会生活的唯一源头。

制度批判者的作品是这一点的最好证明。在大革命开始前的骚动时期，很多谋划新社会和新政府的方案纷纷出炉。这些方案目标各异，但赖以实现目标的手段则无一例外地相似。这些谋划者都想借助中央权力来毁灭现存的体制，并以他们的新计划取而代之，似乎只有这个中央权力能帮助他们完成如此伟大的使命。他们都认定国家的权力应该不加限制，唯一需要做的事情就是劝说国家正当地使用这些权力。当年年长的米拉波的贵族偏见使他称总督为入侵者，并宣称如果唯有中央政府有权任命官员，法院不久就沦为“一帮帮专员”而已。即便如此，米拉波也认为只有依靠中央政府才能实现他的那些空想。

这些念头也不局限于书本，而是深入到人们的思想当中，塑造社会和社会习惯，并在日常生活中举足轻重。

世人都认为自己的事业要想成功必须有国家的帮助。农民作为一个阶级普遍顽固不驯，很容易就相信农业的落伍源于缺乏中央政府的建议和帮助。一位农民曾写信质询总督，以抗议的口吻说：“为什么中央政府不能指派巡视员每年到各省走一遭，视察一下全国的农业现状呢？这些官员可以教导农民选择农作物的种类、如何饲养和出售家禽。当然，他们应该领有薪水，而成功的农业耕作者应该予以嘉奖。”

巡视员和嘉奖——这些都是英国萨福克郡农民最不可能想到的鼓励。

政府以一己之力能够维护公共治安，民众就相当满意。只有宪兵骑警能赢得富人的尊重以及激发民众的畏惧。富人和民众都将警察的力量视作公共治安的代表，而不单是其主要工具。古延省省议会曾称："大家都已注意到一个宪兵骑警能很快地弹压住最无法无天的匪徒。"因此，每家每户都想要一队警察驻扎在家门口。总督的记录本上关于此类申请比比皆是，似乎没有人曾想到在充当保护人角色的警察的背后其实隐藏着大臣的权力。

从法国逃到英国的流亡者最感到震惊的莫过于在英国即使警察的力量也不会如此强势。一些法国人对此深表讶异，另一些人则蔑视这种现象。一位可敬的绅士所受过的教育也无法使他能接受英法两国在此方面的反差，他于是宣称：

"可以肯定的是，一个即使被抢劫了的英国佬也感到庆幸，因为在他看来无论如何这个国家也不应该出现宪兵骑警。他们也不愿意看到暴乱，然而当暴乱者逃脱惩罚被释放回社会后，英国人又会安慰自己说法律必须不惜任何代价按照条文严格执行。但是暴乱者的错误观点并不会被人广泛接受，智慧之士必定想法不同，而且后者的观点终将会占上风。"

这位绅士从未想到过英国人的这些怪异之处或许和他们享有的各种自由相关，而他只能以科学原则来解释此事：

"在英国这样的国家，气候潮湿，空气不流通，人们的个性自然就偏向沉郁，于是彼此之间多谈论严肃之话题，结果英国人自然乐于参与到政府管理的事务中去，而法国人则不会。"

法国中央政府就此占据了神的位置，人们自然一旦缺少什么就会求助于它。那些需要解决琐碎需求的人士总以公共利益为名义发来成堆的申请书。唯有在这些存放申请书的档案盒中旧制度下的各个阶级才有可能自由地交融在一处。阅读这些申请令人伤感：农民请求补偿失去的家畜和房屋；有钱的土地所有人请求获得贷款以帮助自己在土地上追求更多的利益；生产者请求以垄断来消除竞争；商人则将他们在财政上的各种麻烦汇报给总督以求帮助或贷款。这样看来所有的公共税收都会用在这样的用途之上。

贵族人士也经常申请恩惠。他们的身份可以从请求信中使用的傲慢的腔调看出来，向总督请求推迟缴付所分摊的土地税，这也是他们最大的税收负担，甚至要求全部免除。我读过大量此类来自贵族的申请书，其中不乏有一些贵族身份很高。他们所宣称的理由通常都是申请人的收入不够，或者出现资金困难。贵族一般总是称呼总督为“阁下”，但在申请书中则会像别的资产阶级一样称其“大人”。

在这样的申请书中，自尊和贫穷就此结合在一处，十分有趣。一个贵族这样写道：“尽管您会严格要求普通人缴付二十分之一税，但您的仁慈之心永远不会坚持让我这个等级的人这样做的。”

18 世纪粮食短缺频现，此时各省人民纷纷涌向总督处，似乎将总督发放救济粮食视作当然。伴随这一情况的则是中央政府受到大量的指责，认为政府应该负责解决人民的所有苦难，甚至遇上坏天气，大家都认为政府要负责。

看到中央集权制如此容易便在 19 世纪初的法国得以重建，诸位不要惊讶。该制度在 1789 年被推翻，但在那些破坏者的思想深处，这一制度的基石早已根深蒂固，因此在这些基石之上该制度后来在此得以重建，而且更加强大。

第 7 章

为何欧洲诸国当中唯有法国的首都远比外省强势并能更全面地掌控整个国家？

一个首都城市的位置、规模或财富并非其能够统治所属国家的要素。首都统治国家的这一现象源于中央政府一统天下的情形。

伦敦现在的人口堪比许多王国，然而时至今日它也没能全面掌控大不列颠。

如今纽约容纳的居民数量类似当初大革命时代巴黎的情形，但美利坚合众国的公民没有人会相信纽约能决定整个美国的命运，纽约州甚至也没有公民会以为这个城市能随意指导本州的事务。

而且，巴黎与王国其他地区的人口比例在宗教战争期间和 1789 年基本一致，但前者的巴黎并无权力。在“投石党运动”[1]期间，巴黎不过就是法国最大的城市而已，但 1789 年的巴黎竟成了整个法国的代表。

1740 年孟德斯鸠曾写信给朋友说：“法国除了巴黎就是几个偏远的省份了，只是巴黎还没有时间侵吞掉这些省份罢

① 投石党运动，法国历史上发生于 1648～1653 年的贵族反叛运动。

了。”1750 年，那个常怀空想但不乏独到眼光的米拉波侯爵虽未直呼首都的名字，但却这样评论它：

“首都当然重要，但如果头颅过大，身体便宛如患上中风，萎缩下去。如果王国所有英才尽归首都这座大城市，而使得雄心壮志的外省人无法获得任何报偿和动力，只能处于完全依附的地位，成了二等的公民。长此以往，结果会是怎样？”

他进而认为这一过程必然会产生一场静悄悄的革命，终将各省的名流和人才驱赶出去。

前一章已经详细解释了造成这一现象的原因，此处不再赘述，以免考验读者的耐心。

中央政府虽然对大革命并非未加关注，但它仅仅注意到大革命对首都的影响，而巴黎的急剧扩张似乎预示了国家治理的困难正日益增加。无数的皇家法令，尤其 17～18 世纪的法令，都试图遏制首都的扩展。王权不断地将全国的公共生活的命脉都集中到了巴黎，却又希望巴黎保持较小的规模，于是就禁止百姓建新房屋，要么只能在最差的地段建造最昂贵的房子。但每道皇家法令都承认：虽然之前的法令都重申要控制规模，巴黎仍在稳步扩张。路易十四曾六次施加他那万能的圣意要遏制巴黎城的扩张，但都以失败告终；敕令连连，但首都仍一直在扩张，它的权力扩张远比城市的规模扩张得更快，原因尽在巴黎的城墙之外，而不在其内。

伴随着巴黎的扩展，农村地区的地方自治权正在消亡，所有独立和充满活力的精神正在消失，地方的特色正在被抹杀，国家的传统特色的最后一抹光辉也正在逝去。倒不是说这个国家正失去活力，相反，它从未像今天这么活跃，但一切的发展动力尽皆出自巴黎。从众多的例子中选取一例就足以证明这一点。我看到那些呈交给大臣的关于出版业汇报提到16世纪和17世纪初的法国省级城市尚有一些较大的印刷所，可后来生意日渐萧条，竟至找不到印刷商了。毋庸置疑，法国在18世纪末比16世纪出版了更多的书籍，但问题在于：法国人的智识活动当时都集中到了首都，而非其他地区，巴黎已然侵吞了全国各省。

这一预备性的革命在法国大革命爆发之前就已完全取得了成功。

那位知名旅行家亚瑟·扬在三级会议召开几天之后，但在巴士底狱沦陷之前离开了巴黎。法国城乡的差距令他觉得不可思议。在巴黎，尽是活动和噪音，政治手册数量多、印刷次数频繁，一周之内出版了92本。"我从未见过人们对出版如此狂热，"他说，"即便在伦敦也是少有的。"离开巴黎后他却发现外省尽是萧条和宁静，没有手册，只有几家杂志。各省已经蠢蠢欲动，但并不积极主动。人们聚集在一起只是为了了解来自巴黎的消息。亚瑟·扬询问每一个外省城市里的人有何打算，"他们的回答总是一致：'我们不过是个外省城市，你得去看巴黎人都在做什么。'这些人，"他说，"甚至不敢说出自己的想法，除非已经知道了巴黎人的看法。"

人们惊讶于制宪会议为何能如此一举打败了有些比君主制还要悠久的外省，竟能将整个王国分割为83个行政区划，仿佛法国还是北美新世界的一片处女地。但欧洲未能对这一切做好准备，只好在惊讶和恐惧中旁观。伯克曾说："这是欧洲人第一次野蛮地将他们的国家撕裂成碎片。"这的确看上去像在撕裂活人的身体，但事实上他们只是在撕裂死尸。

就在当时巴黎无所不能之时，另一个引人注目的变化在巴黎城外正在出现。巴黎早已是商贸兴隆、娱乐繁华之地，到了此时又是忙于工业生产的城市了。这一变化给它带来了新的气象，使其更加强大。

这一变化不仅是历史之必然，而且由来已久。甚至在中世纪，巴黎已经是王国的最大城市，因此工业也最为发达。后来，巴黎和其他竞争者之间的差距就不断拉大。当其行政权力日益扩张，文化和工业也发展起来。随着巴黎成为风尚之都、唯一的权力和文化中心，以及国家事务的焦点，全国的工业生产也逐渐集中到了巴黎。

尽管在我看来记录的数据可信度不高，但我相信可以断定：法国大革命之前60年间，尽管同一时期整个城市的人口只增加了三分之一，巴黎工人的数量却翻了两番。

除了那些常见的原因，还有些特别的原因吸引了法国各地的工人涌向巴黎。到了巴黎之后通常都居住在一起，最终就聚集成一些社区。中央政府摊在工人头上的税收负担当时在巴黎要比外省轻；在巴黎开办商贸公司自由度最大，可逃离行会的压制。巴黎郊区圣安托万（Saint Antoine）和坦普（Temple）二区在这方面享有特别的优惠，但路易十六又进一步扩大了圣安托万区的特权，以便在该区安置大批的工人；或者，正如这位不幸的君主所言："圣意欲显示我们对圣安托万区工人的恩惠，免除那些妨害他们的利益和贸易自由的负担。"

到了大革命时期的巴黎，工厂、制造商和熔炉的数量多到令政府震惊。工业的飞速发展引发了官员们的奇怪的恐慌。1782年的一个内阁敕令宣布："国王陛下担心工厂的急速增长会导致木柴的消耗量过大从而可能影响到城市正常的生活需求，特禁止在首都15里格[①]（league）范围内新建任何工厂。"

---

① 里格，长度单位，约为3英里（4828.032米）。

然而，没有人想到过真王的危险恰恰来自于工人的过度聚集。

巴黎就此成了法国的主人。而工人阶级不久将要控制巴黎的群体，这支大军也已完成了集结。

我相信，如今人们普遍承认，中央集权制和巴黎强大的统治力导致了过去 40 年来历届中央政权的衰落。不难证明旧的王权制度的毁灭很大程度上出于同样的原因，这些原因对法国大革命的爆发发挥了巨大作用，而这场革命成了后来其他一切革命的源头。

第 8 章

当时在欧洲，法国民众彼此间的相似度最高

认真研究法国旧制度的学者不久就会遇到两个明显矛盾的事实。

首先，我们所了解的上层和中层社会里的每个人似乎和他的邻居都很相似。

其次，这个特色相近的社会群体却分化为无数的小团体，各自组成独立的社会，仅仅关心自身的利益。

我认识到这些无数的小团体必定缺少团结和互助，因此开始理解一个大革命如何能够在一瞬间彻底推翻这样一个社会，革命的震撼力一击之下必然铲平了所有党派的壁垒，并摧毁了一个个最为紧密和相似的社会团体。

我已经描述了各省的特色也已丧失殆尽，这一变化更是促使法国人之间彼此相似起来。残留的阶层差异彰显出国家日趋统一的大趋势。全国的法律走向统一：18 世纪随着时代的发展，诏令、公告和内阁的敕令都要求在王国的各个地方施行同样的法规，此类法规的数量越来越大。统治者和臣民都认同拥有一个统一的法律体系并适用于全体国民，这也是大革命之前 30 年里萌芽的各种改革思路所共有的一个显著特点，而在大革命之前 200 年间，这些改革思路可以说都缺少

实施的基础。

各省的特色不仅日趋相似，民众彼此之间亦很类似。不同阶层和地位的人之间存在着一个显著的相同点，或者，无论如何对于平民百姓之外的阶层来说必定如此。

1789 年来自各阶级的请愿书清楚地体现了这一点。写作者虽然表达了不同的阶级利益，但在其他方面大体相似。

相反，在三级会议早期的会议上，资产阶级和贵族的利益相同，目标相同，彼此的交流亦无对抗，但他们似乎仍旧是两个截然不同的族群。

随着时间的推移，将他们区别开的种种特权或继续维持或得以加强，但在其他方面二者愈加相似。

贵族阶层几百年来不断走向贫穷，1755 年一位贵族伤心地评论道："尽管贵族拥有特权，现在正一日日陷入困境和消亡之中，而第三等级则将贵族的财富争抢到手。"保护贵族财产的法律没有变化，经济环境也没有变化，但随着权力的丧失，全国的贵族都不断贫弱下去。

人总是很容易想象，社会制度如同人类的身体一样：各个器官负责具体的功能，但身体暗含着一种核心动力和关键原理；一旦这一动力失去生命力，即使所有器官依旧运行，整个身体也会最终衰竭而死去。法国贵族仍然保留了不动产的限嗣继承（伯克认为这一点法国比英国更加普遍和具有约束力）、长嗣继承权、不可偿还的土地税以及他们从封建制度下获得的权益，他们不需要服兵役，交的税收比以前更少，因此在保留特权的同时又解除了负担。另外，和父辈不同，他们还享有众多其他方面的财政优惠，但随着政府事务的参与度日益降低，贵族的经济条件越来越差。正是这种状况导致前面提到的土地财产的大面积分割，贵族将自己的土地一块块出售给农民，仅仅保留了庄园主的地租，进一步证明贵族已无实权，仅限于名义上的封号。根据杜尔哥的描述，当时包括利穆赞省在内的若干省区到处可见贫穷的弱小贵族，自己没有土地，只能依靠庄园主权益和地租所带来的农产品过活。

一位总督这样写道：“本世纪初期本省尚有数千位贵族家族，但其中总共不超过 15 家拥有两万里弗尔的收入。”我又发现了 1750 年弗朗什孔泰（Franche-Comté）省的总督写给其继任者的备忘录，其中有这样一段文字：“这个地区的贵族出身高贵，可非常贫穷，但依旧很是高傲。过去和现在两相比较，反差令人羞愧。不过让他们保持贫穷是个很好的主意，这样他们将始终需要我们的帮助和服从我们的目标。”他接着说：“这些贵族开始结社，加入者必须证明自己具有贵族家世。虽未经正式注册，但可以容忍，这个社团每年仅聚会一次，总督也会参加。这些贵族一起听弥撒、共进晚宴，之后各自回家，或乘老驽马，或步行，这个滑稽的聚会一定会让你开心。”

整个欧洲大陆，凡封建制度已被推翻且尚未建立起贵族制度的国家就像法国一样，贵族正在陷入贫穷之中。莱茵河沿岸的德意志诸国都具有这个同样的特点。只有英国的情况完全相反：旧的贵族家族不仅保存了下来，而且大幅增加了家族财富，进而成为国家在财富和权力上的领袖。在其附近发展起来的新贵们欲与之抗衡，但终究不能在辉煌程度上超过他们。

在法国，资产阶级继承了贵族所失去的全部财富，他们的发迹似乎以贵族的衰败为基础。法律既没有阻止资产阶级的破产，也没有帮助他们获得财富。然而他们的确不断获得了财富，逐渐获得和贵族同等甚至更多的财富。资产阶级经常和贵族一样拥有同样性质的财产：虽然通常居住在城市，他们都在乡间拥有地产，有时资产阶级甚至能拥有领主的身份。

两个阶级都受过教育，过着类似的生活，因而有着更多的相似点。二者都受到同样的教育，教育的源头类似，思想上受到平等和类似的启蒙，接受过一样的理论与文学的教育。这一切都源于：巴黎已经成为全法兰西唯一的“导师”，以同样的方式和模式塑造了一切思想。

毫无疑问，到了18世纪末，贵族和资产阶级之间存在着生活风貌上的差异，而能抵抗这统一化进程的要素莫过于那种称为生活风貌的表面风尚。但实际上下层百姓之上的所有阶层都是相似的，他们的观念相似，习惯、品位、娱乐方式、所读书籍以及语言尽皆如此。他们仅仅在权利上不同。

我怀疑同样的情况是否会以同样的方式存在于其他国家。共同的利益将英国不同的社会阶层紧密地结合在一起，但他们仍旧拥有不同的习惯和观念，因为尽管政治的自由长久以来为行政权力所享有，并使英国人彼此紧密联系、互相依赖，却终不能将他们同化为一体。而从长期角度看，暴政必定能使民众沦为相似的复制品，个个关注着自身利益。

第9章

这些法国人既然如此相似，为何又极端地分裂成小团体，彼此疏离而又冷漠

现在让我们瞥一眼问题的反面，看看这些法国人虽有众多类似的特征，却如何分裂为更多孤立的团体，隔绝的程度远甚于其他任何一个国家以及他们自己的先人。

有理由相信在欧洲封建制度建立之时，所谓的贵族阶级尚未形成世袭的等级制度，而是最初由全国的领袖人物组成，因而算得上一个真正的贵族统治阶级。这个问题我暂不想在此讨论，仅仅想强调中世纪的贵族已经形成世袭的等级制度，换言之，他们和其他阶级最大的不同在于出身。

作为统治阶级，它类似一种贵族统治，但只有出身决定着谁能在这个阶级里出人头地。没有贵族的出身便无法进入这个等级，即便可以占据具有不同尊严的地位，也终究总要听命于他人。

无论封建制度在欧洲何处生根，都导致了世袭等级制度的建立，唯独在英国诞生了贵族的统治。

我总是惊讶于英国具有的这个特立独行的特点，它是了解英国法律、精神、历史特点的关键所在，居然为哲学家、政治家们所忽视。习惯似乎已经蒙蔽了英国人的眼睛，看不

到它的重要性。经常能看到只鳞片爪的介绍，但我想我从未见过系统而清晰的描述。1739 年孟德斯鸠访问大不列颠，的确写过:“我身在一个和西欧国家风格迥异的国度。”但就此没有了下文。

其实，英国和欧洲其他国家的差别不在于议会、政治自由、出版自由和司法体系，而是来自于另一个重要特色——它是唯一的没有改造而是彻底废弃了世袭等级制度的国家，贵族和资产阶级参与同样的事务，从事同样的行业；更为有意义的是，他们彼此通婚。这个国度的大贵族的女儿可以嫁给没有世袭头衔的阶层的男子而不感到任何羞耻。

倘若你想要确认一个国家是否真正地废弃了世袭等级制及其衍生的观念、喜好和缺点，只需观察那里的婚姻制度，这个测试必定管用。60 年的民主制度也没有彻底抹杀掉法国世袭特权的残迹，在其他一切事务上旧的家族都已经和新兴家族交融在一起，但唯有婚姻上贵族仍旧蔑视与其他等级的家族通婚。

人们常说英国贵族比其他国家的贵族更加明辨、能力强和思想开放。事实上，英国的“贵族”早已不存在那个古老而又狭隘的意义。

消灭了贵族制度的那场革命业已消失在历史的暗夜之中，但英语仍是那场变革残留下来的见证，数百年来，“绅士”一词在英国早已意义不同了，“平民”一词则已废止。1664 年莫里哀（Molière）[①]创作了《伪君子》（Tartuffe）一剧，当时要想将下面这一行台词忠实地对译为英语已经不可能了:

“如君之所见，他是一位好绅士（gentilhomme）。”

---

① 莫里哀（1622～1673），法国著名剧作家、演员和剧团经理，新古典主义戏剧和现实主义喜剧的代表人物。

语言可以用来帮助我们进一步了解历史科学：比如，追寻“绅士”(gentleman) 一词的流变过程可以看到，英语“gentleman”来自于法语的“gentilhomme”；随着英国阶级差别日渐模糊，该词的含义外延便日趋扩大。几百年之后，已经可以用来指代社会的下层甚至低层阶级了。英国人最终将该词带至美国，结果在那里适用于所有阶层。如此看来，这个词语的历史恰恰和民主制度的历史相暗合。

然而，法语的“绅士”一词（gentilhomme）从未扩大过外延含义，法国大革命之后该词便遭废弃，更谈不上变化了。描述贵族阶级的这个词语始终没有改变过，因为该阶级始终保持着和社会其他阶级截然不同的特点。

作为进一步的探讨，我认为世袭等级制在法国日益鲜明和保守，而法国的社会阶层的流动状况简直与英国的情形完全相反。

普通公民和贵族已然越来越相似，同时二者之间的差距也越加明显，二者的相似之处与其说令彼此日趋相同，不如说日趋异化。

正当中世纪封建制度充满生机之时，领主土地的拥有人（即常说的附庸）不论贵族与否，常常参与到庄园主的管理事务之中，事实上也是保有土地的首要条件。他们的封号要求军事上跟随领主，并在每年一定的时间内在领主的法庭里辅助行使司法、管治庄园。领主的法庭乃是封建管治的源头所在，它们出现在欧洲众多旧法典之中，我甚至发现当今德国很多地区还存留着这些法庭的影响。研究封建律法的渊博学者艾德姆·德·弗海曼维尔在大革命 30 年之前就认真撰写了一本关于领主权力和土地登记制度的巨著，声称他见过“很多领主的附庸有义务每隔两周就前往领主的法庭，与领主及其常备法官一起审理庄园里百姓之间的纠纷和诉讼”。他又说他已“发现少则80～150位，多则200位附庸必须承担庄园里的此类义务，他们其中大多数是资产阶级”。我引用这些话并非为了证明这一习惯——此类证据比比皆是——而是作为例子来说明早期阶段农民和贵族之间的持久联系。他们持续地合作处理各类事务，农民少量土地所有人在领主法庭、各省议会乃至后来的三级会议所做的事大体和城市里资产阶级的行为相当。

如今，凡阅读14世纪三级会议和各省议会的现存档案者，无不惊讶于这些机构之中第三等级所占据的比例和所行使的权力之大。

就个体而言，14世纪的资产阶级无疑比不上18世纪资产阶级强大；但就集体而言，前者却占据着更高更为稳固的地位。他们毫无争议地有权参与政府事务，在政治机构中占据了很大的比例，甚至比例最高；其他阶级都必须考虑到这个阶级的利益并一起商谈事务。

相比较后来贵族和第三等级的合作难度而言，当时二者很容易就能在合作中协助中央政府处理事务，这看起来相当让人惊讶。由于14世纪的多重灾难，当时的多次三级会议具有不同寻常的革命特色，但没有理由认为同一时期的各省议会也会受到任何不正常的影响，因此省级议会内两个阶级的和谐共处的局面非常突出。在奥弗涅省，三个等级联合起来实施大多数重要措施，并从各个等级中平等地挑选和委任专员以监督这些措施的执行，当时的香巴尼省的情况基本如此。更不需提及14世纪初那个众所周知的联合声明——几个城市的贵族和普通公民联合起来反抗王权的侵犯，捍卫本地和本省的自治权利。在那个时代法国的历史中这样的事件比比皆是，似乎将英国的历史照搬过来一般，但到了后来这一切就都消失了。

后来领主政治解体，三级会议的召开日趋减少甚至干脆取消，国家和地方的政治自由尽皆遭到破坏，于是资产阶级和贵族合作共事的情形就此结束，再也没有必要一起开会和达成一致意见了。二者彼此之间日趋分裂，宛如陌生人一般。到了18世纪这一变化最终形成，两个阶级只在非公共事务上偶有接触，彼此不仅成了对手，更是敌人。

一个发生在法国贵族阶级身上的显著特点是整个阶级的消亡却换来了贵族个人表面上的荣耀。贵族作为一个等级正在丧失其政治权威，但贵族个人却正获得新的特权和强化旧的特权。贵族阶级已失去了集体的权力，可新的君主却比过去更加集中于从这个阶级之中选拔最重要的仆人。一个平民（roturier）在路易十四时代比路易十六时代更容易成为一名官员。普鲁士的平民一度经常能获得官职，这在法国闻所未闻。所有新的特权都是世袭而来，离不开出身。贵族已经不再是统治集团，越是如此，它也就越成为一个等级。

让我们以这些特权当中最让人生厌的免税权为例，很容易看到从15世纪到法国大革命这项减免日益增加，并随着税收的增加而日显其价值。人头税在查理七世时期只有120万里弗尔，免税所得到的优惠并不值多少钱。可到了路易十六时期税收已上涨到8000万，所免去的税赋价值自然不菲。倘若人头税是贵族减免的唯一税赋，人们也就不会注意贵族的特权。而当相似的税收以1000种形式和名义加以征收，另有四项税收像人头税一样增添为基本税收，而新的税收——比如各家公共工程的皇家徭役和军事义务——又加在了除贵族之外的各阶级身上，因此贵族所受豁免的特权显得无比巨大。

的确，不平等本来已经很严重，结果变得更加严重，农民经常不得不缴付他的主人可以免除的税收。在这些事情上，不公正的表象似乎比实际情况更加让人难以忍受。

路易十四一直在财务困难的景况下煎熬，直到最后难以抵挡，只好在其在位晚期创立了两项税收，即人口税和二十分之一税，要求所有臣民都要缴付。然而，贵族的这项特权本质上受人尊敬，即便在不适用豁免的情况下仍令人倍感荣耀，尽管如此，仍须仔细注意到：即使某项税收一视同仁，征收的方式仍会有差别。平民百姓被粗暴地征税，且遭受羞辱；而贵族缴税时则备受恭敬的礼遇。

欧洲各地的税收都有类似的不平等现象，但唯有法国的情况最为典型和严酷。德国的税收总体上是间接征收，贵族只能部分地享有直接税收的豁免，即比普通民众的数额少。贵族曾经要求服兵役，后来已不作要求，而替换成特别的税收。

如今，在所有设计出来的将国家分化为阶级的方法当中，不平等的税收最为有害，也最为有效。各个阶级必定互相隔绝，无法弥补，因为只要税收不平等，那么每一年必须缴税的人和受到豁免的人之间必定界限分明，而且界限永不消失。特权阶级的每个成员都对保留住这个特权有着天然而又强烈的兴趣，进而始终和必须缴税的民众保持距离。

一切或近乎一切的公共措施以税收始，以税收终。当两个阶级在税收上的感受不同，他们便不会有共同的利益和感受，也就不会要求聚集在一起商议任何事宜，结果就没有了机会和意愿合作共事。

伯克对旧的法国制度描述过一幅讨人喜欢的景象，意在褒赞贵族制度，认为资产阶级可以通过获取官职进入贵族行列。他明显将法国制度的这一特色和英国公开的贵族统治制度相媲美。也不可否认，路易十一曾自由分发头衔以减弱贵族的权力，他的继任者则以同样的手段获得金钱。耐克尔称在他的时代多达 4000 个职位同时赋予了贵族身份，欧洲其他任何地方则没有类似的特点。然而，伯克想要在英法之间建立起来的这个类比却是错误的。

英国的中产阶级能够始终如一地参与到贵族统治制度里来，真正的秘密不在于贵族阶级是个开放的团体，而恰恰源于这个团体未确定任何范围或施加任何限制。英国人之所以容忍贵族统治，不是源于他们能获得进入该阶级的许可，而是因为他们从不知道什么时候竟身处其间，能视自身为该阶层的核心成员，分享它的权威，以及借助它的权力获得荣光和收益。

相反，在法国，将贵族和其他阶层分离开来的阻碍虽不难超越，却总是惹人注目，在外人看来既显而易见，又令人厌恶。新贵们一旦跨越障碍加入贵族行列，就会同之前的阶层分离开来，因为他们开始享有令原先那个阶层感受到压迫和羞愧的特权。

因此，将资产阶级升迁为贵族的方式远不能削弱他们对上层社会的憎恨，相反极度加深了这种仇恨。旧贵族对那些新贵族满怀怨愤和嫉妒，第三等级对新贵族的不满超过对旧贵族的不满，不断地要求进入贵族阶层的门槛应该提升而非降低。

1789 年算是法国历史上最易成为贵族的一年，然而也是贵族和资产阶级差别最为巨大、彼此最为疏远的时候。贵族将任何稍有平民血统的人清除出他们的选举机构，而资产阶级则体现出同样的焦虑，将所有看起来像贵族的人清除出他们的阶层。在有些省份，一派认为新贵族不够高贵因而将他们拒之于门外，而另一派则认为他们过于类似贵族阶层也予以拒绝。据说那位著名的拉瓦锡[①]（Lavoisier）先生就曾遭受过这样的待遇。

资产阶级的情形其实也和贵族颇为相似：他们和平民百姓的差距之大，类似于他们和贵族之间的鸿沟。

旧制度之下，几乎所有的中产阶级都生活在城市之中，原因有二：贵族的特权和人头税。居住在本地的领主们能对农民表现出善意和关照，但对地位稍高些的资产阶级则难免有些傲慢。失去了更多的政治权力，贵族就愈加傲慢和专横起来。事实也只能如此，因为他们被剥夺权威之后便不再需要和资产阶级合作管理政府事务，同时他们试图通过毫无节制地滥用其表面的权威来安慰自己实际权力的丧失。长期离开自己的地产而居住在外地对贵族的邻居而言与其说减免了负担，不如说增添了诸多不便。甚至负担也没能得到减免，而由贵族的代理人继续施行的各种特权更是令人难以容忍。

然而，我认为，人头税及其相关税赋对造成城乡差别所起的作用并不亚于上述情况。

这里用上一些篇幅解释为何乡村里的人头税要比城市更加压迫人，但读者可能认为对此进行解释意义不大。简而言之，居住在城市里的资产阶级能够以各种方式整体或部分地逃税，如若他们生活在乡间则无法做到这些。因此居住在城市便帮助他们免除了被迫担任收缴人头税职责的风险。他们比缴税本身更加惧怕这一职责，事情倒也在理：置身于旧制度下的社会，甚至于在一切社会，最糟糕的职位莫过于堂区负责人头税的征税官。后面我还有机会详述此事。然而，除了贵族可以豁免，乡村里没有居民可以逃避这一职责。于是为了不承

① 拉瓦锡（1743～1794），法国化学家，近代化学之父。

担这一负担，富裕的资产阶级将土地租赁出去后移居到最近的城市。杜尔哥下述观点证明我有幸查询到的秘密档案所言不假：“人头税的收缴将乡村里保有土地的平民转变为城市里的资产阶级。”另外，或许可以说这也正是为什么法国比欧洲诸国具有更多的城镇——尤其小城镇——的一大原因，这些城镇星罗棋布。

生活在城墙之内的富有的资产阶级就此丧失了乡间的品位和感受。他不再对自己所抛弃的那个阶层的劳作和利益关心了。此后人生的唯一目标就是向往有朝一日能在他移居的城市里做一名公务员。

如今整个法国——尤其资产阶级——都陷入到谋求官职的热潮当中，如果认为这一热潮发端于大革命，那便犯了严重的错误。这种热潮应该追溯到更加久远的时代，尽管后来有众多因素不断出现，从而延续并强化了这一热潮。

旧制度下的官职并不总是和我们时代的官职完全一样，但我想那个时候的官职数量应该更多，小官职更是层出不穷。单单 1693 ~1709 年期间法国就创立了 4 万个职位，即使最下层的资产阶级都有可能获得这些职位。根据我自己的计算，在 1750 年的一个规模不大的省级城镇，共有 109 人负责司法审判，另有 126 人负责执行判决。此时中产阶级的确觊觎政府官职，这种热情简直史无前例——一旦获取了一些资本，人们立即想到的不是投资贸易，而是直接购买官职。这种追逐官职的狂热结果比行会的规矩和人头税对法国的农业和商业利益造成了更大的破坏。如果没有空闲官职，求官者便想方设法到处活动，不久竟能诞生出新的空缺。我看到一份印刷出版了的请愿书，这位名唤朗贝维尔先生的作者强调绝对有必要为各个行业设立巡视官员，最后毛遂自荐担任未来的巡视员。谁会知道这么一位平凡的朗贝维尔先生呢？但事实就是这样：凡受过一些教育、有了一点收入的人都认为一生若未谋个一官半职便不够体面。诚如当时有人所言："大家各展其能，都希望能获得国王任命的官职。"

那个时代和这个时代相比，唯一的实质差别在于获得官职的买卖手段之不同：那时由政府出售，现今由政府颁授。如今不必花钱购买，但要想达到目标就得出卖灵魂。

与居住地和生活习惯相比，中产阶级和农民之间更大的差别在于利益。人们总是抱怨贵族享有特权，当然很在理。但中产阶级自己享有的特权又该如何评判呢？数千位官员因所任官职而得到这样或那样的赋税豁免：有的人不必服兵役，有的人不必服徭役，有的人则免缴人头税。当时有一位作者这样写道："有些人获得政府官职之后就获得了免税，如今哪个堂区除了贵族和教士外找不到一批这样的居民？"这样的人数量庞大，以至于时常能感受到人头税所征税收总量的下降。税款减少的问题又不断地导致若干无用职位遭到废弃。毫无疑问，资产阶级接受免税的情况如同贵族一样频繁，甚至有时更多。

这些讨厌的特权激起了无法享受特权者的嫉妒，并使享有特权者拥有自私和骄傲。整个18世纪最为普遍的事情莫过于城市和周遭乡村间的敌意和嫉妒。杜尔哥宣称："城镇总是自私自利，随时准备牺牲掉该区域乡村的利益。"在另一个场合，他提醒手下的副代表们注意他们如此"经常地""被迫努力遏制城市对同一地区的乡村的掠夺，城市频频攫取乡村的权利、剥夺乡村的特权"。

资产阶级结果使得城市里的下层百姓亦远离他们，彼此成为陌路人和敌对者。设立的大多数地方税种，大多都落到了这些百姓的头上了。杜尔哥在某处曾评论说资产阶级通常竭力逃缴城市的过路费，这一点我已发现的确如此。

然而，资产阶级最惊人的特点乃是畏惧与下层民众走到一处，他们极其想要以某种方式摆脱下层人民对他们的控制。“倘若国王愿意，”一个城市的资产阶级曾在一份请愿书中对财政总管说，“市长的职务可以通过选举产生，但选举权应该仅限于社会名流，甚至仅限于初等法院。”

我们已经有机会注意到历代国王如何稳步地实施策略，逐步剥夺了城市的政治权利，这便是路易十一到路易十五所用策略的主要特点。资产阶级则经常协助完成这些计策，有时候计策甚至是由他们提出的。

1764 年施行地方自治改革时，一位总督向一个小城镇的地方官员们询问是否可以让下层平民享有推选官员的权利。他们这样回答道：老实说，“下层民众从未滥用过选举权，确认他们有权选举自己的管理者当然令人愉快。但如果此项事宜交由社会名流们来裁决，对社会的长治久安应当更好。”同城的副代表则汇报说他已经邀请“本地六位首善公民”召开了一个秘密会议，他们一致认为官员的选举不应按照地方官员的建议交给社会名流，最好交给由不同社会团体的代表组成的一个小型选举委员会。这位副代表在这些首善公民和民众的自由之间更倾向于后者，汇报了这几位公民的意见后却这样补充道：“很难剥夺工人们对公共税款的控制权，这些税款从他们头上征收而来，可那些负责征税的同胞们则享有免税权，因此后者经常对相关事宜并不关心。”

就像前面所述贵族和资产阶级两相独立的关系一样，为了进一步完善这一讨论，让我们看看资产阶级如何和下层民众保持两相独立的关系。

在资产阶级这个小的阵营之中，第一个引人注目的特点在于它分裂成了无数的小团体。法国人倒是和那些科学上貌似基本粒子的物质单位相类似：随着科学对这些粒子做进一步研究就会发现它们可以不断地分解成新元素。我曾研究并发现一个小城镇居然有36个不同的公民团体。这些各式团体尽管规模较小，却都在不断努力减少自己的规模。它们不断地剔除异质的“粒子”，最后仅仅保留下最为纯粹的“元素”。这些团体像这样不断削减成员结果仅余下了三四个。即便如此，团体内部仍旧各自为政，动辄争吵不休。即使最不起眼的荣耀亦是荣誉，因此具体的特权将阶层之间分割开来，彼此间为争夺优先权进行无休止地争斗。总督和法院对这些争吵和喧嚣震惊不已：“现决定圣水（the holy water）必须在交与行会团体之前交至初等法院处。之前最高法院犹豫之际，国王却接管了该事项的处置权，并交由内阁决定。这一切正当其时，整个城市都在热烈地讨论这个话题。”在社会名流组成的议会上，倘若一个团体被给予某项优先权，而另一个团体没能获得它，那么失败的一方就会退出议会。后者认为自己的尊严受到了侮辱，因此不如放弃他们的公共职责。拉弗勒舍（La Flèche）市的理发师团体曾决定“以此种方式表达当面包师团体获得优先权之时该团体油然而生的悲伤”。另一个城市的一部分社会名流拒绝履行他们的职责，总督这样解释：“因为一些工人进入了议会，而这些首善公民拒绝和这些工人共事，耻与后者为伍。”另一位总督评论道：“倘若理事的头衔给了一位公证员，其他社会名流便会愤慨不已。因为公证员们出身低微，并非出自名流的家庭，且年轻时都是职员出身。”上面我提到的那六位首善公民，早已认定下层民众不应拥有政治权利，所以当他们被召集来确定谁能成为名流，以及在名流当中确立优先权的先后次序时，他们自然无比为难。在这一点上，他们没有给出明确的建议，而以疑虑和暗示的方式表达了他们的观点，如总督所言，“他们担心会伤害名流阶层其他成员的感情。”

这些小团体直接的纷争进一步强化了法国人特有的虚荣心，却又扼杀了公民应有的尊严。大多数这样的团体成立于16世纪，但那时候在处理完团体的内部事务后，各团体都会和其他团体合作，一起处理本城的公共事务。到了18世纪，这样的合作消失了，地方事务的自治和处理也已日益稀少，城市事务多由受雇的政府代表负责处理。于是，这些小的社会团体只为自身利益而存在，仅仅考虑内部的事务，除此之外对任何公共事务毫不关心。

我们的先辈并没有类似“个性”的词汇，这样的词汇只是后来我们编造出来为己所用。先辈不需要这个词语，因为在他们的时代不存在完全孤立、不与任何团体发生联系的“个人”。而今，法国社会赖以组成的各类小社团之中，每一个都极度关注自身利益，堪称某种“集体的个性”。可以说，它正是现今时代人们所说的“个性”的思想起源。

这个旧社会的最奇特之处就在于所有这些个体就此组成了不同的团体，却又彼此之间具有相似性。他们如此相像，因此变化了环境之后便无法辨认出他们。而且，他们在心里将那些令他们分裂为你争我夺的小集团的微不足道的隔阂视作公共利益和社会常识的对立面。理论上说他们都崇拜统一，可每一个人都紧紧维护住自己的利益，因为其他人亦是如此。然而，他们也准备随时融入一个更大的社会群体当中去，前提是没有人在其中拥有自己的特权，也没有人能超越普通民众，拥有高高在上的地位。

第10章

造成旧制度毁灭的一切弊病
为何源自政治自由的破坏与阶级间的隔阂

在一切攻击旧制度的致命的弊病当中，我刚刚描述过的问题最具毁灭性。让我们回溯造成这个奇怪而可怕的弊病的源头，看看同一个源头还导致了多少其他的弊病。

倘若英国人在中世纪的危机中完全丧失了他们的政治自由和相应的一切地方自治权，我们就有理由认定组成贵族统治的各阶层一定会像法国贵族那样远离下层民众。正是自由的精神迫使他们和人民保持接触，因此必要的时候能和民众达成一致的意见。

看到雄心壮志促使英国贵族愿意和下层民众交往，甚至必要时平等地对待他们，的确令人感到奇怪。我引用过亚瑟·扬的话，而他的书当属了解法国旧制度的最有教益的作品之一。他在书中记述道自己曾在利昂古公爵（the duc de Liancourt）的府邸逗留，他向公爵提出想和四邻当中最聪明和家境最好的几位农民交谈，公爵于是让其管家将他们请来。对此事扬评论道："在类似的情况下，英国的贵族应该会请三四个农民来自己家中赴宴，并会让他们坐在最尊贵的女士身边。在我们英伦岛国这样的事情我见过不下一百次，但是你若从法国的加莱（Calais）一路旅行到巴约那（Bayonne），都不会看到此类事情。”

毫无疑问，英国的贵族一方面自然比法国贵族更加高傲、更加不屑于同底层人交往，但他们的地位对其做出了限制和要求，于是英国贵族为了权力甘愿牺牲一切。几百年来，英国税务的变革都有利于穷困的阶层。我恳请读者诸君注意：即使互为邻居，亦会因政治原则的分歧而彼此差异极大。在18世纪的英国，一切税收的减免均由穷人受惠，而法国则都给了富人。英国的贵族承担了所有的负担，结果换来了管理民众的权力；法国的贵族则坚决拒绝承担税收，以作为丧失政治权力后的唯一安慰。

在14世纪，人们常说“未经纳税人的应允不可征税”，这一思想当时本已在英法两国根深蒂固。人们经常引用此句，将偏离它的行为看作暴政、绝对符合它的行为看作法治。这一时期法国的制度在诸多方面与英国相似，可随后两国的命运开始不同，而且随着时间的推移愈来愈大相径庭。也许可以将两国的情况比作两条直线，起初从相邻的两点走向略微不同的两个方向，后来直线越长彼此就分开得越远。

我大胆地断定，随着约翰王被俘和查理六世疯癫之后，法国陷入了长久的混乱之中，于是这个国家就许可国王未经国民同意便可以随意征税，贵族只要自己能够免税就可以懦弱地作出妥协，就此孕育了给旧制度带来灾难的种种弊病与痛苦，最终造成该制度在动荡中灭亡。我敬佩高米讷[①]（Commynes）曾有这样的特别睿智的评论：“查理七世获得了未经各个等级的同意可以随意征收人头税的权力，此时他极

---

① 高米讷（1447～1511），法国作家和外交家，被誉为“第一位真正意义上的现代作家”“自古典时代以来第一位具有批判意识和哲学思维的历史学家”。

大地改变了自己的灵魂以及继任者们的灵魂，并严重伤害了他的王国，以至于创伤长久难以弥合。”

让我们看看岁月如何加深了这道创伤，并寻找出这一事件所产生的种种后果。

福博奈[①]（Forbonnais）在其博学的《法国财税研究》一文中写出了这样的真知灼见：中世纪的君王常依靠治下臣民们的收益过活，他补充说：“即使国王需要征收特别的税赋来应付特别的需求，无论教士、贵族还是下层平民均须一视同仁地上缴此类税赋。”

14 世纪由三个等级选定的大部分全民税赋均具有这个特点。这一时期所设立的所有税收几乎都是间接征收的，即适用于所有消费人，一视同仁，而直接征收的税赋并不针对财产，而是收益。例如，要求贵族、教士和资产阶级向国王上缴收益的十分之一，而且三级会议制定的税赋和各省级议会所制定的税赋在各省范围内具有同等的法律效力。

的确，甚至当时的直接税收“人头税”并不涉及贵族，他们因无偿为领主服兵役而获得人头税的豁免。但作为全民税赋的人头税的征收当时受到严格的限制，通常由领主而非国王决定是否征收。

当国王首次决定按照自己的意愿和权威施加税收，他强烈地意识到这项政策意味着必须选择一项不影响贵族利益亦不会激起后者抵制的税收——贵族是王国内最强大的阶级亦即王权唯一的对手。考虑到这些因素，国王最后选择了人头税。

当时法国各阶级之间已经存在着足够多的不平等，而这个新的不平等比此前所有的差别涉及面更广，进一步加重并

---

① 福博奈（1722～1800），法国政治经济学家。

强化了其他的不平等。因此，由于中央权力不断扩大它的政治野心，经济需求不断增加，人头税随之成倍增长，后来竟达到最初的十倍，而且每一项税收都成了人头税。年复一年，征税重新划分了社会等级，并将缴税者和免税者重新分割开来。由于人头税一开始就加之于无法抵制它的人而非那些能够负担的人头上，中央政府就此造成了一个荒谬而反常的后果：放任富人而压迫穷人。据说玛赞汉[①]（Mazarin）曾因财政急需意欲向巴黎的显贵家族征收一项紧急税收，但遇到的阻力超过预期后，他干脆将他想要的500万税额添加到人头税之上了事。他本意要向最富有的公民征税，结果又是最贫穷的人遭殃，但国库最终还是得到了这笔钱。

如此不平等的税收也使得国库收入有限，但国王的必需品的花费并无节制。而且，历代国王拒绝为了获得补助而召开三级会议，又不能征税于贵族——惧怕惹恼了贵族，导致他们坚持要求依法召开三级会议。结果，那些数额巨大而又弊害深重的财税政令仿佛连轴戏般连番出台，也成为法国最后300年王权统治下的财税历史的一大特点。

仔细研究旧制度的财政史和行政史可以看到：无论政府多么秉性温和，只要它的权力不受遏制，既不畏惧公共监督，也不担心革命——革命可以捍卫人民的自由，那么财政的亏空必将逼迫一个政府陷入何等艰苦的困境并做出何等虚伪的对策。

历史的记录中比比皆是这样一些例子：国王的财产变卖之后又被收回，理由是该财产不可让与；法定的合约和权利遭到违犯和践踏；每一次危机到来，公共债权人沦为牺牲品；民众

① 玛赞汉（1602～1661），主教、外交家和政治家，1642～1661年继黎先留任法国首相。

的信任一次次被辜负。

颁授的特权本可永久享用，却总是被国王取消。倘若可以同情勇士为虚荣而自我牺牲，人们应该同情那些不幸的新贵族，国王经常在 17 ~18 世纪要求他们购买各式封号和不公正的特权，但事实上最初他们已经一次性付清了价格。比如，路易十四此曾将此前 92 年间的所有贵族头衔予以取消，尽管其中大多数曾是他自己颁授的头衔。此时这些头衔的拥有者只能通过多付钱才能继续保留头衔，一道敕令这样认定："陛下对曾经授予的所有这些头衔均一无所知。"类似这样的情况八年之后路易十五又不失时机地重做了一遍。

政府又宣布服兵役者如花钱找人替代即为非法，因为这样做可能会增加征兵的成本。

城市、社团和医院被迫放弃它们的职责以便有资金可以借给国王。堂区也不敢实施有用的工程项目，因为担心资金分散后人头税有可能难以正常收集。

奥赫（M. Orry）先生和涂丹纳（M. Trudaine）先生曾分别担任财政总管和路桥管理局的主管。据说他们计划将庄园的修路的徭役转变为按年支付的税金，然后将这笔税金用于修缮每个县的道路。但那些能干的地方官员拒绝执行这一计划，其中的原因很值得玩味：据说他们担心无法阻止国家财政挪用这笔款项，结果又会逼迫民众必须同时承担修路的劳役和上缴工程税金。

拥有无上荣光的伟大君主掌控着民众的公共财富，但我敢肯定如果一个人以君王的方式处理个人财务，那没有谁最终能逃脱破产的下场。

一切中世纪的旧制度历经时代的变化却日益堕落，根源可能都在财政的短缺上，后来出现的种种有害的制度创新亦是如此。为解决一时的债务急需所确立的各种权力经过制度化之后，竟然持续了几百年。

有一种名叫土地保有税的税收在很早的时候向拥有贵族土地的平民们征收。这个税收对当时人们所拥有的土地同样做出了区分，这些差异又进一步增加了彼此的区别。在拥有土地这项最能体现平等的事情上，这个税款阻止了贵族和下层民众的融合。我敢说这个税收对于分离两个阶层最有效果，并在贵族和其他阶层之间造成了巨大的鸿沟。在英国，弥合这两大阶级之间最有效的事件莫过于17世纪时废止了所有区分了分封土地和终身保有土地的措施。

14世纪的法国所征收的封建土地保有税较轻，且间隔很长时间。可到了封建制度几乎接近废止的18世纪，该税收每20年必征收一次，数量相当于一整年的收益；儿子因为继承父亲的家产须缴此税。1761年，图尔省农业协会认为"这项税收给农业科学的进步造成了无尽的伤害，也是王权政府征收所有税款中最可恶、最繁重的农村税收"。另一位同时代的人认为"这一税赋最初一辈子只需缴付一次即可，现在的征收相当残酷"。贵族也希望废止此税，以便不再阻止平民购买贵族的土地。但中央政府的财政开支迫使这项税收必须持续征收甚至增加了数目。

中世纪曾因行会制度所产生的各种弊端饱受不公正的诟病。有充足的理由相信，最初从行会到法院都意在将每个行业的成员团结起来，从而为每个行业创造一种自治制度，以便帮助和控制所有工人。应该说当初的圣路易①（Saint Louis）的意图亦不过如此。

---

① 圣路易（1214～1270），法国国王路易九世，1226～1270年在位，1297年被天主教封为圣徒，也是唯一一位有圣徒封号的法国国王。

直到16世纪初，民权自由和宗教自由的复兴开始全面崛起之时，才第一次有了政府可以将工作作为一项特权进行买卖。也直到那个时候每个行业才成为了一个小型封闭的精英团体，各行业才开始有了对技术的发展危害最深的垄断，这些垄断曾令我们的先辈憎恨不已。亨利三世如果没有创造也至少全面加深了这种邪恶的行会制度，到后来路易十六彻底废止了这一制度，这期间行会制度逐年获得了新的发展，范围日益扩大。同时，社会的进步不断体现出行会的落伍，理性常识更是揭示出行会的荒谬之处。可是，每年都有新的行业成立，而老行会的特权也在不断增加。这一邪恶的制度在人们常说的路易十四统治的“黄金时代”达到了最高潮：当时的中央政府财政紧缺到了最困难的时候，而政府也是铁了心地拒绝求助于法国人民。

勒托讷（Letronne）曾在1775年恰当地写下如下的评论：

> 中央政府通过出售行业许可证或增设行会必须花钱购买的官职来从行会那里获得资金，这是建立行会制度的唯一目的。1673年的敕令完全贯彻了亨利三世实施的基本原则，强迫所有行会从中央政府手中购买自治权。接着就是逼迫其他行业组建行会。当时这笔卑鄙的交易帮助政府获得了30万里弗尔。

我们已经看到城市的自治权遭到取缔的原因没有政治动机，而是为了给国库增加财政收入。

同样的资金需求伴随着对召开三级会议的厌恶，结果导致官职的买卖——这一旧制度下的特色逐渐成为史无前例的举措。它主要源于财政需求，但它设计得很好，结果在300年间满足了第三等级的虚荣，并将他们的能量导向追求官位。

它使得整个国家的心灵都在狂热地追逐官职，结果成了法国历次革命和民众甘受奴役的根源。

随着财政状况日益紧张，政府便创立出新的官职，既享有免税权，又领有薪水。设立这些官职的目的在于弥补国库的亏空，而非公共服务的需求。其中很大一批官职毫无作用，甚至多有弊病。早在 1664 年，考伯特[①]（Colbert）仔细研究这一问题后发现这个令人痛苦的生意所涉及的投资资金几乎高达 5 亿里弗尔。据说黎先留曾废止了 10 万个官职，后来这些官职又以新的名称出现。为了换得一小笔资金，政府就此失去了对其所属官僚进行指导和监控的权力。最终结果是政府的管理犹如一架机器极其庞大、复杂、笨重而又效率低下，以至于只能让它在继续无所事事的同时又建立起一个更加简单而又实用的新工具，来履行这些无数的官员应尽的职责。

可以肯定的是，倘若允许人们讨论其优劣的话，这些可恶的制度都不可能持续 20 年以上。倘若三级会议得以召开，或者召开之时国王能够注意到三级会议的种种抱怨，所有这些制度也不会得以建立或推广。即使在王权统治后期，三级会议偶尔有机会得以召开，这些会议依旧被单一地看作一种请愿的行为而已。这些会议总是将他们所抱怨的弊病归于国王任意地攫取征税权，或者借用 15 世纪生动的语言——“未经三大等级的讨论和同意，国王高度剥削劳动人民，中饱私囊”。三级会议的抗议不仅仅关心自身权益，而且坚决要求和迫使国王尊重各省区和各城市的权利，后一条经常取得成功。一部分议员在每次会议上都抗议税务负担上的不平等，反复要求废除行会制度，数百年间日渐猛烈地抨击售官制度。他

① 考伯特（1619～1683），法国政治家，曾任路易十四的财政总管。

们指出："出售官职就是出售公正，简直是臭名昭著。"当这个唯利是图的官僚体系稳固地建立起来后，议员们一如既往地坚持抗议该体系的弊端。他们反对设立那些无用且有害的特权，但一切都无济于事。这些制度最后都成为与人民为敌的障碍，目的就是消除召集三级会议的必要，将政府征收的各种不敢公之于众的税赋遮蔽在公众的视野之外。

在这方面人们认为的好国王并不比坏国王好到哪里去。正是路易十二将官职的出售体系化，而亨利九世率先开始出售世袭官职。可见个人的德性该是何等脆弱，根本无法与这个体制的邪恶相抗衡。

正是为了避免召开三级会议，才导致最高法院起初获得了政治权力，司法机构和政府的权力混杂在一处，结果不利于处理公共事务。国家政策总是要求在权力空虚之处建立起新的保障，因为法国人虽对温和的专制予以足够的忍耐，却不愿看见这些专制，而且在法国将绝对的权力限定在一定范围内总被认为是聪明的手段——尽管无法阻止该权力的扩张，但也许可以使民众注意不到这些扩张。

末了，国王需要以举国之力为他提供资金，却又害怕整个国家会坚持要求恢复各种自由，于是阶级鸿沟加深实属必然。因为只有如此，民众才不可能组织抵制或具有统一的意愿，而政府就明白只需要对各个小集团分而治之即可。法国的历史长河中的确有过诸多杰出的君王，或有智慧，或有才华，而且均非懦夫，但没有一个想过消除阶级鸿沟，他们推行行会制度的目的也都是为了控制住行会。不，我错了，倒是有一位君主愿意看到民众的团结，亦曾竭力实现这个目标，可谁能参透上帝的意志啊！这个人正是路易十六。

旧制度下王权犯下的首要罪恶就是让民众分化为各个阶

层，随后的政策也就成了一种惯例。因此当一个民族之中富有而且受过教化的那部分人难以聚集在一起共商国是，那么就不可能以民主的方式来治理国家，而暴政也就成了必然。

杜尔哥在一封给国王的密报中伤心地评论道：

> 国家不过就是几个分裂的阶级和四分五裂的民众，因此无人关心国事，仅仅关注个人利益，遑论重视公共利益的精神。农村和城市毫无关联，它们所属的各行政区（arrondissement）之间也少有联系，甚至连修路这样的公共工程也难有共识。不同的观念和主张彼此对立，争论不休，一切都得上呈给陛下及您的仆人们来决定。没有您的敕令，人们将不知道如何纳税和尊重他人的权利，甚至也不知道该如何使用自己的权利。

法国民众长久以来彼此隔绝，数百年间成了陌生人或敌人，要想将这些人重新团结在一起绝非易事；要教会他们为处理公共事务达成共识就更加困难。彼此隔绝就成了相对简单易行的手段了。我们已经给世人提供了值得纪念的先例，证明要改变这一问题难度之大。60 年前，法国社会中的这些彼此隔绝的阶级数百年后突然间被聚集在一起，他们唯一可以相互接触的地方便是过去留下的创痛，他们的相聚只是为了更加彻底地毁灭对方，彼此的敌对、嫉恨和仇怨一直存留至今。

第 11 章

论旧制度下的所谓自由及其对大革命的影响

不进一步阅读本书，就无法对旧制度下的中央政府以及产生大革命的社会状况形成准确的认识。

一个民族看起来四分五裂成众多小集团，而王权又如此强大和广泛，这幅景象不免让人感觉独立的精神业已同公共的自由消失殆尽，全体法国人都一律拜服在国王座前。但事实并非如此，中央政府虽然成为公共事务的唯一和绝对的管理者，但尚未掌控所有公民的个人生活。

众多为暴政服务的旧制度仍然有自由存活的空间。但这一自由比较奇特，今天很难为人所理解。只需仔细观察即可洞悉其间所包含的善恶所在。

当时法国中央政府正在替代所有的地方权力机关并吸纳了王国一切的权力，中央政府创造的或未加以破坏的制度却经常阻止其权力的行使，旧的法规、习俗和顽固的弊病也都起到了阻止的作用。这一切都在个体的思想中孕育了一种抵制的精神，使无数的个体保留了个性，自身的特质能够保持完好。

昔日的中央政府与今日的政府相比较有着同样的特性，使用同样的方法，也追求同样的目标，但它的权力要小于今日的政府。它竭尽全力到处筹集资金，出售大多数国家官职，由此放弃了可以随意授予和撤销职务的特权。其中一个目标危害另一个目标，经济上的贪婪抵消了它的政治理想。它要执行政策就需要雇用代理人，这些官员就职前没有经过培训，也不会因为低效工作而被解雇。政府积极的指令通常因执行不力而大大削弱。该体制的这一奇怪而极端的缺陷对政府的无上权威造成某种阻碍，如同一个防波堤形状古怪且修建粗糙，却能抵御政府权力的冲击波并削弱它的权威。

而且旧日的政府不像今天的政府拥有很多表达恩惠的手段——慈善救济亦即拨款，各种荣誉头衔。旧日政府在安抚和控制民众这两方面的力量都不如现今。

旧日的政府自身并不清楚权力的具体范围，它的权力也没有得到稳定的建立和正常的认可。政府管辖的领域非常广阔，跌跌撞撞地跨越界限，沿着模糊不清的道路前进。这种模糊不清遮蔽了其权力的界限，也使其应有的权利暧昧不清，尽管这样有利于王权的扩张，却也同样有利于捍卫民众的自由。

当时的行政官僚体系意识到自身存在的历史较为短暂，且官员出身卑微，因而面对各种困难始终心怀胆怯。以下这个场景在 18 世纪大臣和总督间的通信当中令人印象深刻：中央政府虽然相当专横和独裁，一切都臣服于它，然而遇到最初的一点抵制或最为微弱的批评就会惊慌失措，听到一点点噪音就恐惧不已。遇到这样的情况，政府就停下来犹豫不决，试图息事宁人，经常不惜牺牲一部分合法权威来制止这样的斗争。于是路易十五的软弱个性及其继任者的仁慈善意进一步助长了这样的情形。同时，这些法国君王似乎从未想到过别人会有推翻他们的意图，从未像后来的统治者那样因恐惧而严酷对待或不信任臣民，他们也从未有过将百姓践踏在脚下的想法。

众多偏见、特权与谬论阻碍了建立有意义的自由，却也在众多臣民的思想当中激发起独立甚至反叛的精神。

贵族对中央政府极度鄙视，尽管他们的确有时需要求地方政府官员办事。即便丧失了权力，贵族依旧残留着祖先的骄傲——这些祖先曾反叛过奴役和法律。贵族不考虑民众的自由，自然乐意纵容政府压榨百姓，但他们自己会不惜代价地抵制一切压迫。大革命爆发伊始，贵族阶层对国王及其官员所用的语言和语气比第三等级要傲慢很多，尽管当时后者即将推翻王权，而贵族阶层也将与王权一道倾覆。贵族阶层创立了几乎所有保障臣民权利的措施，后来为法国 37 年的代议制政府制度所享有。旧制度下贵族的请愿书尽管充满谬误和偏见，却洋溢着一派伟大的精英统治的气息。法国贵族未能臣服于法制的控制而遭到消灭和根除，这总是一个令人遗憾的命题。这个错误使得法国失去了一部分精华，致使对自由造成的创伤从未得以愈合。昔日的贵族一直是这个国家的第一等级，历史上长久以来享有理所当然的荣光，于是就拥有了高尚的思想、自信和责任感，使得该阶层成了社会的中坚。自身气势雄浑，亦将雄浑之气传递给其他阶层，而它最后的消灭也削弱了所有攻击它的阶层。此后再也无法完全恢复元气，其实根本就没有恢复过。也许重新得到了祖先的头衔和产业，但贵族先辈的精神，永远得不到恢复了。

大革命之前的教士阶层一直在政治事务上奴颜婢膝地臣服于一切俗世权力，对待一切王权势力厚颜无耻地露出谄媚之态，以换取后者可以屈尊赐予教会恩惠。然而，大革命之前的这个阶层是最独立，也是唯一可以享受各种自由却不受他人攻击的阶层。

当时各省已经失去了自治权，城市的宪章不过是一纸空文，未经国王的直接许可，十位贵族不可以聚集商讨公共事务，但法国的教会仍可以照旧定期开会。几家宗教机构的权威也没有受到任何限制。具体的制度能够保障下层的教士不受其上级的压迫，主教手中并没有逼迫普通教士听命于国王的专制权力。我无意在此讨论法国教会的旧体制，只想说明当时的教会并未要求教士走向政治上的奴役。

而且，许多神职人员也属于贵族，便给教会注入了贵族特有的荣光和桀骜不驯。他们全都拥有较高的地位，享有特权。与教会的道德权力针锋相对的这些封建权利恰恰感染了教会的成员，使其能在世俗权力面前保持独立。

首先，拥有不动产赋予了教士阶层以公民应有的情感、需求、观念，甚至欲望。我曾耐心地阅读过一些旧省区议会的报告和辩论记录，尤其朗格多克这样的省份在政府管理中教士们具有很高的参与度。我同时阅读了 1779 ~1787 年间所有省级议会的报告。如果从我们现代的立场看这些报告，我非常惊讶地发现：大多数主教和修道院院长们在学识和宗教上均富有名望，却上书要求开通公路或修建运河，从知识和科学的角度探讨如何以最佳的方式增加土地的农业产出、提高百姓的生活条件以及促进各行业的发展，从而证明他们在这些方面绝不亚于俗世大众，甚至能力更高。

与普遍的观点相反，我大胆地认定，其他国家的制度禁止天主教教士拥有土地，而以金钱的方式提供报酬，结果仅仅有利于教皇和世俗权力的利益，使大众的自由丧失了一个重要的元素。

倘若一个人最重要的素质受到外界的控制，而且在其生活的国度不可以组成家庭，那么希望他爱国只能有一个真实的动机——拥有不动产。去除掉这一动机，他便不属于任何一个地方。世俗社会与他毫不相干，只是碰巧生活在那里，周遭的一切与他无关。他的良心掌握在教皇手中，而生活则归君王掌控。他的国家就是教会，政治事务上只关心教会里的危险和升职。只要教会本身政治自由、经济稳定，其他还有什么值得他关心呢？因此他通常对待政治持冷漠的态度，他成了基督宗教"城邦"里的一个优秀的居民，却是世俗国度里的一个可怜的公民。心怀如此情感和思想，即便身为年轻人的导师和道德的向导，这些教士也只可能让那种关心国家利益和公共生活的精神丧失殆尽。

改变人的生活状况才能改变人的思想，要正确理解这一点有必要再次阅读 1789 年教士阶层上陈的请愿书。

教士们经常做事偏执，有时顽固地维护自己的古老的特权，但他们的请愿书却说明他们是专政的死敌、民主与政治自由的忠实朋友，这方面丝毫不亚于贵族或第三等级。他们要求保护个人自由——不是口头承诺，而是制定一种类似于"人身保护令"（habeas corpus）的法律程序。他们还提出如下诸多要求：废除国家监狱；禁止在违宪的情况下特设法庭与移交案卷；允许公开辩论；司法官员应保有终身职位；所有官职的分配应面向所有阶层的公民；以能力作为选拔官员的唯一标准；建立一个更少压迫、更少羞辱且禁止豁免权的征兵制度；减少一切封建义务——他们认为这些义务作为封建制度的一部分与自由相违逆；人民享有自由工作的权利；废除内陆海关；增加私立学校的数量，确保每个堂区至少拥有一所常规学校和一所免费学校；在乡村设立诸如济贫院这样的慈善机构；以各种手段鼓励发展农业，等等。

就政治本身而言，他们大声宣称立法和征税应该是属于全体国民的不可让与的绝对权力。他们认为如果法国人没有普选权或代议权，他们就不可以被强迫纳税。他们要求三级会议可以自由选举，每年召开会议，有权公开讨论一切国家大事，有权制定任何特别的习俗或特权无法代替的普通法律，有权对预算进行表决，甚至监控宫廷的开支。他们坚持认为议员具有不受逮捕的权利，而大臣应该向议员们负责。他们还要求在各个省市建立议会。但他们对宗教神权却只字未提。

总体而言，尽管法国教士阶层罪行昭昭，但我不能肯定世界上是否还存在比大革命爆发之际的法国天主教教士阶层更加了不起的团体。他们思想开明，热爱国家；更为突出的是，关心公共利益的精神丝毫不亚于个人的美德。然而，他们又身怀坚强的信仰，足以帮助他们承受迫害。我在研究旧制度起初对教士阶层满怀偏见，可到了研究结束之时则对他们满怀敬意。他们所犯的错误本质上和一切社会团体内在的那些错误一般无二：这些团体无论是政治还是宗教的，一旦根基稳定、联系紧密了，就会滋生这样的错误；此时的团体倾向于扩张自身，态度褊狭，本能地——有时甚至盲目地——虔敬于该团体的特殊利益。

就独立性和自主性而言，旧制度下的资产阶级简直和现代的资产阶级一样优秀。他们这个阶层曾经有过各种缺点，其中很多缺点反而催生了这样的品质。如前所述，他们虽然竭力追逐官职，也有可能获取比现在更多的职位，但请注意二者之间的区别。当时政府无法颁授或取缔这些职位，于是增加了在位者的尊严，没有使他们成为统治阶级的奴隶。因此，造成今天众多人士奴性十足的重要原因当时却是资产阶级拥有独立和自尊的最强大的动力。

将中层阶级和下层阶级分隔开来的各种豁免权将前者变

成一种伪贵族，但时常使他们具备了真正的贵族所拥有的骄傲和反抗精神。他们组成小集团后就经常忘记公共利益，但从未忘记团体自身的利益。他们需要维护共同的特权和集体的尊严，那些只知道阿谀奉承的懦夫没有机会可以隐藏下去。可以说，他们仿佛在一个异常惹眼的小型舞台上表演，眼前总有一批观众，随时会鼓掌欢呼或者以嘘声表达不满。

当时压制人们发出抗议声音的策略尚未如之后那般发达，法国也没有像今天这样万马齐喑。相反，人们的观点可以比较自由地传播，虽然看不到政治自由，但至少可以隔着一定的距离大声交流。

被压迫者在法庭上拥有听证权，各种政治和行政的机构具有专政的特征，但当时的法国人在法庭上仍旧是个自由的民族。旧制度下的司法体系繁重、复杂、低效而成本高昂——这些无疑都是严重的错误，但司法权从未向最高权威屈服过，但这一点如今却已成为最为腐败的形式。这一首要的罪恶不仅腐蚀了法官，而且不久就侵蚀了整个民族的肌体，而这种情况并未出现在旧制度之下。法官当时不仅享有终身职位，而且并不追逐晋升。这两个条件对于司法独立至关重要，如果保留了奖赏的权力，惩罚的权力自然就没有了存在的必要。

的确，国王的权威可以将政府感兴趣的案件的管辖权从普通法院手中接管过来，但他无法剥夺司法机构的威权。也许可以阻止这些法院管辖案件，但无法阻止他们受理控诉和表达意见。当时的司法语言还保留着古老法语的特有的直白，即对事物直呼其名，因此法官通常将政府的措施描述为“专制的”或“独裁的”。虽然法院对政府的行政管理不应有的干涉结果经常对公共事务的处理构成障碍，但有时能够捍卫自由，这样大恶为小恶所限制。

在司法官僚体系的中心及相关制度中，当时新兴的观念从未完全击败历史上的各种思维习惯。无疑，最高法院考虑自身利益比公共利益多，然而，当它们需要捍卫自己的独立和荣誉之时，这些法院总是表现出无畏的精神，并以自己的个性精神影响了周围的一切。

巴黎最高法院1770年遭到解散，当时每一位该法院的法官宁愿承受失去相关地位和权力也决不向国王低头。此外，另一类法庭——比如援助法庭（Cour des Aides）——虽没有受到攻击或威胁，可当命运已成定局之时它们自愿接受同样严酷的待遇。不仅如此，在最高法院执业的首席律师们都自愿分担这同样的命运。他们放弃了荣耀和福利，宁愿保持沉默也拒绝向一个虚伪的官僚体制求情。这一幕在我见过的任何一个自由民族的历史上都堪称无比壮观，而这一切就发生在18世纪路易十五的王宫附近。

国家的体制当时也从这些法院借鉴了很多习惯。正是从这些法院，我们了解到一个自由的民族所受的教育之中唯一来自旧制度的地方，即一切决策都应该经过事先的讨论，并可以上诉；采取公开的原则并坚持走法律程序。中央政府自身也大量借鉴了法院所用的语言和方法。国王必须为他的敕令签署缘由；内阁敕令总有较长的开场白；总督将他们的诏令交由执吏到处宣传；所有旧的行政机构，包括财政大臣和地方官员，均公开处理事务，或以辩护的方式审理请愿者和申请人。所有这些习惯和形式构成了阻止君王专制权力的众多障碍，但普通民众，尤其农村地区的民众便唯有运用暴力来抵抗压迫了。

刚刚提到的这些捍卫自由的手段超越了普通民众的能力范围，人们若想能够使用这些手段，至少要能够让社会注意到自己的言行。但除了下层民众，任何有勇气的法国人只要他愿意就能够实现有条件服从，在服从的同时进行抗争。

国王对臣民们也是以首领而非主人的口气说话。在路易十六统治的初期，国王在敕令的开场白如是宣称："我们以治理一个自由而慷慨的国度而无上荣耀。"他的一位先祖也以古老的风格表达了同样的思想，对三级会议提出各种进谏的勇气表示嘉许后这位国王惊呼道："我们宁愿与自由民而非奴隶对话。"

18 世纪的人并不热衷于追求生活的富足安逸，这种对富足安逸的追求乃是甘受奴役的源头，不仅令人顺服和坚韧，而且和若干个人的美德结合起来——家庭的温情，常规的习俗，对宗教的尊敬，温和、勤勉、虔敬的言行。这一追求容忍诚实，反对英雄主义，极其成功地培养出受人可敬而又懦弱的公民，这样的公民素质既可以说很好，也可以说很糟糕。

那时的法国人追求快乐、崇尚享乐，生活习惯不寻常，生活目标和观念比他们的后代更加杂乱，但他们并不耽于如今看来现代而正当的感官享受。更高阶层的人追求体面而非舒适，追求荣誉而非金钱。中产阶级甚至都对舒适不感兴趣，他们更乐于追求更加精致而高雅的娱乐。金钱从来就不是当时法国人生活的最终目标。"我了解我的同胞，"一个 18 世纪的人自豪地写道，"善于制造和消费金钱，却不迷信金钱。他们随时准备追求昔日的理想——英勇、光荣，我认为还可以加上高尚。"

需要注意不要以人们对王权的服从程度来衡量他们思想是否卑下，这样的标准会是一个错误。旧制度下的人虽然听命于国王的意志，但尚未允许自己对非法或受质疑的权威顶礼膜拜，这类权威激发的不是荣誉而是轻蔑，迫使人们臣服的方式要么是畏惧受到伤害，要么是希望得到奖赏，古代并没有这种令人屈辱的奴役方式。当时国王在民众之中所激发的情感乃是后代专制的王权所无法比拟的，大革命将这种情感涤荡一清，今天的法国人自然很难理解这种情感了。那时的国民视国王为父亲，像神一般尊重他。他们对他专制命令的服从不是出自强迫而是出自爱戴；对国王的完全臣服却依旧能保留他们心灵的独立。对他们而言，服从所产生的最大的罪恶便是强迫，可今天的人认为这只是最小的罪恶，逼迫人们服从的奴役才是最大的罪恶。让我们不要蔑视先辈，我们没有权利这样做。相反，我更愿意上帝佑护我们能恢复一点先辈的崇高精神，尽管可能会感染上他们犯过的错误和偏见。

因此，绝不应该将旧制度视作一个充满奴性和依赖性的时代。那时比现在拥有着更多的自由，但这一自由不同寻常、断断续续，受到等级制度和各种特权豁免权的限制——一种鼓励人们反抗权威和压迫的自由，它总是使得一部分民众缺少最自然、最基本的权利。然而，虽然如此受限和扭曲，这种自由却成果斐然：正是由于它，即便当时的中央集权正竭力将全体国民的特性整齐划一，如此众多的个体依旧能够保持自己的个性本真而完整。正是由于它，人们的自尊犹存，经常以追求荣耀为最大的目标。正是它造就了那些充满活力的灵魂，那些骄傲和勇敢的天才，我们不久就能看到他们登上历史的舞台，成为后代崇拜和敬畏的对象。倘若他们这些雄浑的个人品德竟然出自一个没有自由的土地之上，那倒真的是令人奇怪了。

然而，如果这种纷杂而没有裨益的自由让法国人做好了推翻专制的准备，那么它也许很难让法国人准备好以和平而又自由的法治秩序来替代这一自由。

第12章

文明进步之下，18世纪法国农民的生活条件为何有时竟然比13世纪更糟？

18世纪法国农民不再遭受一批小的封建暴君的掠夺，也很少在政府的手中遭遇暴力。他们拥有公民的自由，拥有土地，但遭到其他所有社会阶层的抛弃和史无前例的孤立。对这一崭新而独特的压迫模式所造成的结果有必要单独予以考察。

据佩雷费克斯[①]（Péréfixe）说，17世纪初，亨利四世曾抱怨贵族阶级正在纷纷离开乡村。这一现象到了18世纪中期非常普遍：从政治经济的论著、总督的书信到农业社团的报告，当时一切材料都在痛惜这一事实。而且征收的人头税也无疑证明了这一点，人头税由纳税人在实际居住地缴纳，因此当时所有大贵族和一部分小贵族都在巴黎缴税。

贵族当时都离开了乡村，只留下了那些经济条件不许可的人，但他们生活在农民当中处境尴尬。他不再统治农民，没有义务安抚、帮助和指导他们；另一方面，他不需要分担封建义务的负担，结果对自己没有感同身受的痛苦和冤屈毫不

① 佩雷费克斯（1605～1670），1662年任法国巴黎大主教时与冉森教派发生激烈对抗。

同情。农民不再是他的臣民，而他也没有成为农民们的同伴。这种地位在历史上从未有过。

由此产生了一种心灵的缺席——如果我可以使用这个词语的话——要比身体的缺席更加有效。贵族居住在自己土地上的所思所为和他不在土地上的时候看管人的所思所为大体一致。他的租户在其眼中不过是欠债人，需要从他们身上严格征收自己应得到的一切法定收入，这使得封建分封制最后残留的义务对农民来说比曾经全部的义务更难忍受。

他经常陷入经济困境，卑微地生活在自己的庄园府邸之中，整日里想着如何储备钱财好去巴黎过冬。下层百姓独有直白的思维，将这种小贵族地主比作身形最小的猛禽，称作“燕隼”。

当然，也有一些个体的例外，但历史只关注阶级。不可否认，此时仍有许多地主关心着农民的福利，虽然他们既无法律上的义务，亦无共同之利益。但这些特例违背了当时贵族新的社会地位的普遍情况。这种普遍情况正逼迫贵族对农民冷漠起来，而自己昔日的附庸们则仇恨贵族。

人们普遍将贵族离弃乡村的事实归咎于个别国王或大臣的政策：一些人上溯到黎先留，其他人则说到路易十四。在王权统治的最后300年间，国王的首要目标的确是将贵族和下层人民隔离开来，从而将前者吸引在宫廷四周。17世纪国王仍然畏惧贵族，因此王权竭力追求这个目标。国王给总督的询问中有一个问题就是：“你所在省份的贵族愿意留在原地还是离开家乡？”一位总督遗憾地答复说，其所在省份的贵族宁愿与农民为伍而不愿与宫廷打交道和履行对国王的义务。这里所提到的省份就是安茹(Anjou)，后来改称旺代(Vendée)。这里所谓不愿及时履行封建义务的贵族们到后来却成为法国唯一为武装保卫王权而不惜牺牲自己的贵族群体。他们之所以能有如此光荣的行为且与众不同，可以归于这些贵族在乡村里的影响，尽管他们一度因为居住在乡村而受到责难。

然而，需要注意不要将贵族移居首都归咎于某一位国王的直接影响。这一现象真实和首要的原因不在于个人的政策，而在于众多制度缓慢和持续的作用。19世纪，当这一问题已经引起高度注意的时候，中央政府却无力加以遏制，这便足以说明原因。贵族永久失去了政治权利，地方自治权遭到取缔，此时贵族的迁徙便相当普遍起来。不需要任何动力迫使贵族离弃乡村，可是贵族不希望待在那里，对于乡村生活他们兴味索然。

我介绍的贵族阶层的情况同样适用于富裕的地主。中央集权制度使得那些富有且受过教育的居民们离开了乡村。而且我要解释一下这一制度如何阻止农业进一步完善，因为正如孟德斯鸠深邃的评论："土地的产出并不依靠其肥沃程度而是依靠其所有者的自由度。"但我无意在此转换话题。

我们已经看到资产阶级如何离弃乡村逃到城市居住。旧制度的档案对此做了最好的说明。这些档案表明当时很难找到第二代依旧在乡村里做农民。一个农民只要积聚了一定的财产，就将儿子从土地上赶走，要他进城生活，并给他买个一官半职。于是农民们便会对务农这一本已助其富裕起来的职业产生了奇怪的厌恶之心。

事实上，那唯一受过良好教育的人，或者英国人称之为永久居住在农民中间并和他们朝夕相处的唯一绅士，就是堂区的牧师了。尽管伏尔泰未必赞同以下这个观点，但是可以这样断定：牧师们如此臭名昭著地同政治等级制度沆瀣一气，并且既享受了该制度的特权，又招致同样的憎恨，倘若他们不是这样，那么牧师就会成为农村各阶级的领头人。

那时的农民就此和上层社会各阶级截然分开，远离了所有能够帮助和引导他的人。这些同胞影响越大，地位越高，他们就越加避开和他的接触。农民似乎已经被整个国家挑拣出来，然后弃置在了一边。

在文明欧洲的其他任何一个大国都不存在这样的情况，即便在法国也是刚刚出现不久。14 世纪的法国农民可能受到更多的压迫，但他能够受到更多的帮助。即使当时的贵族有时会对农民施以暴政，但他们从未遭到过抛弃。

18 世纪的法国农村则是穷困、物质和粗鄙之徒的聚集场所：无知的官员受尽蔑视；执事不识字；征税官不懂记账，而邻居和他自己的财富都和这个账目息息相关。昔日的庄园主业已失去权威，早已认定介入政府事务会令其羞辱，于是将收人头税、征兵役、分徭役这些事情视作低人一等的职责，只配由执事们处理。当时除了中央政府没有人关心农村事务，而且由于路途遥远，对村民们没有什么可以畏惧的，因此政府所关注的事情莫过于征税。

这个农民阶层没有人想施以暴政，但也没有人愿意帮助或教育他们。那么，现在来看看这个被抛弃的阶层当时究竟如何生活?

当时最重的封建义务的负担当然都已减轻甚至废止了，但代之以或许更加具有压迫性的其他负担。众多施加在他们先辈头上的痛苦都已解除，但他们又忍受着后代闻所未闻的痛苦。

两百年间增加了 10 倍的人头税结果完全落在了农村阶层的头上，这一点简直臭名昭著。这里有必要提一下乡村里征收人头税的方式，以便说明在一个文明的时代居然可以建立和存在何等野蛮的法律，而那个时代的精英分子对改变这些法律却毫无兴趣。

我找到了一封 1772 年财政总管写给各位总督的密信，里面有对人头税的描述。这封信写得相当的准确和简练。“在王国的绝大部分地区，”这位大臣写道，“人头税可以任意分配和征收，由纳税人共同分摊，按照人头征收而不按照财产征收。该税根据纳税人每年收入的高低不同而波动。”这就是全部的情况。不可能再有更加高超的技巧来更好地描述这项收益颇丰的邪恶税收。

每个堂区每年按照一定的数额征收人头税，正如这位大臣所说的那样，这项税收的额度不断地变动，结果农民们永远不知道每一年需要缴纳多少税金。每年每个堂区随机选定一位农民，任命他为征税官，他的使命就是在堂区民众中分配这项赋税。

我之前曾说过要介绍一下征税官的有关情况。现在让我们来看一下 1779 年贝里（Berry）省议会的报告，它完全由那些经国王任免并无须缴税的人士组成，因此这份报告描述得比较客观。它宣称：

“没有人愿意做征税官，所以必须由纳税人轮流担任。这样这项税收每年都由一位新任征税官来负责，他的能力和品德都未经考察。结果征税的过程就必然带有这名征税官的种种忌惮、软弱及恶习的烙印，除此之外别无可能。他对周围一切一无所知，谁能说清楚邻居的具体收入，或者一个人的收入与其他人相比究竟是高还是低？但是这名征税官必须确定每一个纳税人的确切税额，他须以个人生命财产来担保税赋的总额。两年当中他通常要花上一半的时间东奔西走追讨税金。那些不识字的人必须要找一位邻居来代替他。”

在大革命前夕，杜尔哥曾提到另一个省份的情况："征税官的职位经常让当事人感到绝望，甚至令他破产。每个村庄里殷实一些的家庭结果都相继沦为赤贫。"

然而被赋予这项大权的不幸个人既是牺牲品，又充当暴君。自己破产的同时也将其他人的财产命运掌控在自己手中。上述省议会的报告这样写道："家族亲情、亲疏恩怨、希望报复他人或得到保护的欲望，以及对那些可以提供工作机会的权贵们的忌惮——所有这一切使得他们根本不可能公正地履行自己的职责。"恐惧经常让征税官变得铁石心肠，在一些堂区征税官每次露面都必然带上一帮执吏和随从为他撑腰。"除非他有这帮执吏随行，"1764 年一位总督这样写道，"否则纳税人不会乖乖上缴税金。"纪耶内省议会则有这样的记录："单单在维勒弗朗什（Villefranche）地区就有 106 名执吏和随从忙于征税。"

为了逃避这项凶猛而专断的税收，18 世纪的法国农民开始模仿中世纪的犹太人。即使有时富裕起来也要佯装贫困，富裕的名头会让他们惊恐不已。我看到能够说明这个情况的一个材料并非来自维也勒（Vienne），而是距离它有 100 里格的地方。曼恩省（Maine）农业协会在其 1761 年的报告中宣称：它本试图以家禽作为奖赏分发给农民，但"后来不得不放弃此项计划，担心此类奖赏的分配可能会使获奖者遭到妒忌，而未能获奖的人将来可能会利用目前这种随意的征税模式来借机泄愤"。

但是，法国有些地区的人头税的征收统一且数额适中，这就是一些三级会议省。这些省份的确保留了自己征税的权力。比如在朗格多克省（Languedoc），人头税完全以地产为依据，不会随着持有人的收入变化而波动。每过 30 年整个省份的土地就根据肥沃度不同划分为三个等级，而每户地产所含的土地比例均予以详细确认和记录。每个人都能事先知晓自己必须缴付的确切数额。倘若没有缴付，纳税人或者其土地负完全的责任。对征税不满者有权要求将自己的配额和他所选择的堂区任何居户的配额进行比较，这一程序今天被称为“为比例上的平等进行上诉”。

可以看到这一制度就是今天我们所追求的制度，已经未加改动地推广到全法国。有必要强调：当我们从旧制度那里借鉴公共行政的形式时，我们却没有在其他方面效仿旧制度。我们的政府管理方法从那些旧省议会那里学习了过来，可是只搬来了机器，而抛弃了它的产品。

农村百姓的长期贫困在大革命之前已经导致了一些旨在让农民保持贫困状态的观念。黎先留曾在其政治声明中宣称：“如果百姓富有，将很难以法律来限定他们。”18 世纪的统治者们倒没有如此极端，但他们也认为农民没有需求的动力就不去劳作；于是贫穷就成了防止懒惰的唯一手法。我曾听说过有人针对法国殖民地的黑奴提出过与此类似的说法。这一思想如此普及，致使大多数政治经济学家已经认识到必须花很长的篇幅予以驳斥。

众所周知，收取人头税的原初目的乃是使得国王能够雇用士兵来代替以前必须随同出征的贵族和附庸们。然而，18 世纪又开始征兵役，即之前提到的国民自卫队体制；但这次兵役的负担完全落到了下层民众的头上，而且几乎无一例外地由农民负担。

百姓于是经常竭力拒绝和逃避自卫队的兵役，这可以找到大量的警方记录予以证实——最后记录都提到抓捕那些不服管教的自卫队士兵或逃兵，这些情况在各个总督辖区内都出现过。一切施加在农民头上的负担之中，这恐怕是最为可恨的赋税了。逃兵们潜入森林拒绝服役，或武装反抗征兵。试看今日法国义务征兵制度的实施如此容易，上述情形该是多么让人惊讶。

旧制度下的农民对自卫队征兵体系强烈厌恶，原因不在于法律的原则，而是以下这些要素：执行法律的方式；可被征召的年限（一个未婚男子 40 岁前都有义务被征兵）；任意施加豁免权，致使抽中好签亦无济于事；法律上不许可寻找替代者；一个毫无升迁前景但艰苦而危险的职业所引发的憎恨；最重要的是，农民意识到这项巨大的负担只由他们尤其是其中最可怜的个体承担。他们和其他阶级之间的这一差异不仅使人羞辱，更致使他们所受的不公愈加深重。

我曾研究过 1769 年的几份不同堂区关于自卫队征兵问题的报告记录，发现了以下若干个豁免权事例：一个是一位乡绅的仆人；一个是修道院的看门人；另一个则是一位资产阶级的男仆——他的确身份卑微，但他的主人“生活高贵体面”。事实上，只有家境富裕的人才有可能得到豁免。比如，一个农民缴付了数年的重税之后，他的儿子们得到豁免：理由是鼓励农业的发展。政治经济学家们虽然在别的事情上追求平等，却不反对这项特权，仅仅希望扩大特权的范围，换言之，反而增加了最为穷困和不受保护的农民阶层的负担。其中一位政治经济学家这样评论道：“士兵这个职业薪水低，住宿、着装、饮食条件差，自由度极低，因此只能从最下层百姓里面挑选较为合适，对于其他阶层都过于残酷。”

直到路易十四的统治末期，公路要么没有得到修缮，要么利用国家和路边土地所有者的资金正在维修当中。正是从那时开始决定利用农民阶层来负担修路的徭役。这一免费保养公路的方式看起来很不错，1737 年财政总管奥赫曾发通告要求全国推广它，授权总督们有权关押不服管教的农民，或者差遣执吏去传唤服役者。

此后，贸易不断发展，对良好公路的需求日益增加，徭役数量也就不断扩大和增加。1779 年贝里省议会的一份报告确认，这个贫困省份的农民阶层每年需要承担的徭役总量价值高达 70 万里弗尔。1787 年下诺曼底（lower Normandy）也有一份类似的估算。再也没有这些估算更能表明乡村百姓的悲惨境遇了。社会的进步使一切阶层富裕起来，唯独农民日渐贫困。文明对于众人皆为福音，但农民却被排除在外。

当时的总督们在其通信中要求严禁农民在私人的道路上履行日常的徭役，而是须在公路——即总督所说的“国王的公路”——上履行。有人后来提出维修道路的花费应该由社会上最贫穷的人以及出行最少的人负担，这个奇怪的想法尽管出现的时间不长，却在那些受益于此的人的脑海中根深蒂固起来，他们不久就认定唯有这个制度最为实用。1776 年曾试图将徭役转化为以金钱的方式缴纳的税赋，但新的税赋很快又如同其他旧税赋一样遭到不平等地摊派。

徭役就此从服务于庄园主转变为服务于国王，逐渐应用在一切公共工程上。1719 年因建立兵营而开征徭役。诏令要求：“各堂区须选派最好的工匠，其他一切工程皆须停工。”徭役的开征范围还包括：将罪犯送往做苦役的地方或将乞丐送去收容所；军队换防时负责后勤运输。这可不是件易事，当时每个军团都有大批辎重，因此需要沿路征用大量牛车。这种强制劳役一开始不觉得严重，后来随着常备军规模的扩大就成了一项非常沉重的负担。我看到过曾有承包商紧急要求动用徭役人员将木材从森林运送到造船厂。此项劳役通常给付工资，但价格低廉且可以随意降低数额。这一分配不当的负担有时如此沉重甚至令人头税的征税官惊吓不已。1751 年一位征税官忧虑万分，担心“农民们被抓去修路所承担的费用会使得他们无力再缴付人头税”。

倘若在农民的身旁站立着富有并有教养的人士，这些压迫性的手段就可能得不到实施。这些人士的意志和权力即使无力保护农民，至少可以代表他们向政府大员们说情，后者掌握着农民们贫富的命运。

我读到 1774 年一位富有的土地保有人写给省总督的信，信中他讨论到修建公路的事宜。在他看来那条路能给村庄带来繁荣，并解释了原因；然后又建议兴建一个集市，认为必定会使农产品的价格翻番。末了，这位优秀的公民又建议在政府给予少部分资助的前提下建立一所学校，认为这乃是为国王培养勤勉的臣民的绝佳途径。这位绅士本不可能有这些想法，由于国王签发的放逐令（lettre de cachet）迫使他在自己的府邸里待了数年。他在信中坦率地总结道：“我一直放逐在家里，正是待在这里的这段日子才使我确信这些项目的巨大作用。”

在饥荒的年月，人们容易注意到，昔日将大地主和农民联系成庇护和依赖关系的纽带业已断裂。在这些关键的时期，中央政府才意识到自身的弱点，于是竭力想复苏自己亲手破坏的贵族个体的影响力或政治关系，但民众根本没有响应，政府惊讶地发现被自己扼杀掉生机的民众的确已经在灵魂上彻底死去。

当饥荒相当严重之时，尤其在那些最贫困的省份，一些诸如杜尔哥这样的总督们便私下颁布非法的法令，逼迫富裕的地主负担农民的粮食直到庄稼将要收割了。我看过

1770 年几位牧师的信件，里面都支持对最富有的堂区地主征税——无论是普通民众还是教会人士："拥有大片土地的地主从不居住在这里，他的地产仅仅给他们提供收入好供他们在别处花费。"

村庄里到处都是乞丐，如勒托纳所言，城里的穷人都得到了救济，乡村则没有。尤其到了冬天，无人愿意帮助这些穷人，他们则别无选择，只能乞讨。

这些不幸的穷苦百姓有时候遭到疯狂的迫害。1767 年舒瓦瑟尔公爵[①]（the duc de Choiseul）意图在法国全境内清除乞讨现象。他与总督们的通信体现出他的计划何等残酷：要求警察在全国范围内同时逮捕所有乞丐，据说被捕人数达到了五万。一切体格健壮的流浪汉被送去服苦役，其他乞丐则被送往全国各地所设立的大约 40 家收容所。倘若能让有钱人像过去那样仁慈地对待百姓，情形恐怕要好很多。

旧制度下的政府对待上层阶级如此温和而谨慎，拘泥于礼节形式，迟疑不决；对待下层民众尤其农民则经常粗暴有加，总是匆忙地做出相关决策。在我看到过的所有材料当中，从未见过一个资产阶级人士曾遭到总督下令逮捕的案例，而农民们每天可以因徭役、兵役、乞讨以及其他无数的事由遭到逮捕。一个阶级有权由独立的特别法庭判决并经历漫长的公开审理，而另一个阶级则被警察拖到宪兵队长面前，后者当即做出宣判，而且不可申诉。

1785 年，耐克尔曾这样写道：

将下层民众与其他阶级分离开来的巨大鸿沟转移了人们的注

① 舒瓦瑟尔（1719～1785），法国政治家。

意力，使得个体受到权力侵害的现实得不到关注。倘若法国人的本性不够温和仁慈，或者没有这样的时代精神，对于那些对自己没有经历过的苦难抱同情态度的人们来说，这一问题必定成为他们满怀悲伤的无尽的源泉。

但这一制度压迫人的特征更加突出地表现在它所压制的社会进步，而非它所造成的伤害。农民尽管自由且持有土地，但他们几乎与昔日的祖先农奴一样无知，甚至比后者更加可怜。社会的科学与技术飞跃发展，但农民所掌握的行业技术并没有实质的提高，他们在一个闪耀着智慧的世界保持着无知和愚昧：从未学习过如何应用人类自身的敏捷和聪慧，甚至连自己的职业——农业——都做不好。一个著名的英国农学家曾将自己所看到的法国农庄描述为“依旧停留在10世纪”。一无所长的法国农民只在战争领域有所发展，因为只有成为士兵之时他们才必然和其他社会阶层联系在一处。

就这样，法国农民完全封闭地处在悲惨和孤独的绝对境遇之中。看到以下事实令我感到惊讶并深感震惊：就在天主教信仰未加阻挡即遭废止、教会受到亵渎之前不到20年，那时政府经常采用下述方法来确认一个县的人口：牧师们汇报去教堂参加复活节圣餐仪式的人数，然后在此基础上加上未成年儿童和因病缺席者的一个大概数字，这个总人数即被当作具体的人口数。然而当时的思想遭到了奇特地改变和伪装，正在以各种扭曲和隐蔽的方式影响农民的思想、礼貌、风俗、信仰。表面上看，一切皆未改变：农民不仅非常驯服，还很快乐。

我们千万不要误解这种快乐——法国人常常在莫大的痛苦中表现出这种快乐。他们只是尽力不去思考似乎难以避免的苦难，但并不意味着对苦难无动于衷。他们看起来所承受的苦难不够沉重，但若打开一扇门让这些人逃离这一苦难，他们便会不顾一切地飞奔而过，跨越任何阻挡他们道路的障碍，甚至来不及看它一眼。

今天我们从自己的角度可以非常清楚地看待事物，可这些事物当初时代的人并不明了。上层社会很难理解下层百姓的想法，对农民更是一无所知。而农民所受的教育和社会习惯导致他们拥有了独特的思维习惯，和其他阶层截然不同。由此，贫富两个群体毫无共通的利益、不满或事务，彼此在思想上互相隔绝。他们可以近距离地生活在一起数百年之久却互不了解。可以奇怪地看到：大革命爆发之初，整个社会的中上阶层居然都拥有一种惊人的安全感；可以很奇怪地听到：就在 1793 年恐怖专政即将到来之际，中上阶层仍在一起高谈阔论着下层民众的品德、温和而亲切的秉性以及天真的乐事。一个多么荒唐而又可怕的景象啊！

在继续探讨之前让我们在此稍作停留，通过我所注意到的所有细小的事实，来观察上帝所制定的众多最伟大的社会管治法则当中的一个。

法国贵族不愿与其他阶层接触，成功丢弃了一切公共负担，以为这样一来就可以保住自己的地位，且不必承担相应的责任：初看上去似乎可以，但不久之后就有一个内在的弊病损害着他们，逐渐削弱他们的力量。随着特权的增加，贵族却愈加贫困起来，而他们处心积虑想要保持距离的资产阶级却愈加富有，愈加有教养。尽管二者比邻而居，资产阶级现在不再需要贵族的指导，甚至开始超越后者。过去贵族拒绝接受为同事或伙伴的这群人即将成为他们的对手、敌人，而在不久之后还会成为他们的主人。尽管已经摆脱了引领、保护和帮助附庸们的责任，他们估算自己并没有失去什么，因为头衔和经济特权依旧完好无损。他们仍然位居国家的第一等级，因此便相信自己仍然在领导着这个国家。四周的确还围绕着他们在官方文件中称之为“他们的臣民”，而其他人则依旧是他们的附庸、租户以及农夫。然而，事实上，无人接受他们的统治，而是独自站立在一旁，结果到了民众最终起来反抗他们的时候，他们别无他法，只有逃走。

尽管贵族和资产阶级的人生经历截然不同，二者之间却有一点相似：都让他们自己远离下层民众。资产阶级没有和农民阶层结盟，也避免接触后者的悲惨境遇；没有和农民阶层一起反抗等级不平等的原则，反而试图强化自身地位的不公正：他们急于像贵族拥有特权一样拥有豁免的特权。他们本出身农民阶层，却丧失了关于此前阶级特点的一切回忆和概念，结果直到将农民武装起来之后才明白已经激发起来的这些热情他们自己既难以衡量、引导，又无法约束，于是他们自己注定了将成为这些热情的推动者和牺牲品。

那个伟大的法兰西王朝曾有可能雄霸整个欧洲大陆，却就此毁灭，这将永远令人惊叹，但每一位认真研究过其历史的学者必定能够理解它为何衰亡。除了少数例外情况，我所描述过的一切罪恶、错误和致命的偏见均应将其源头、持续和发展归咎于大多数的法国君王为了更加专制地统治而竭力促成的阶级差异。

最后这项目标完全达成——贵族和资产阶级互不来往，二者和农民断绝联系——每一个阶级又分化成一批更小的组织，彼此如同阶级间一样泾渭分明。此时，整个国家看起来整齐划一，但各部分分崩离析，难以成为真正的整体。没有一个组织可以对抗国家，但也没有一个组织可以帮助国家。

结果，当整个社会的根基震颤之时，法国王朝的整座大厦便在刹那间土崩瓦解。

下层民众虽然利用统治者的错误丢弃了束缚自己的枷锁，却也未能完全根除掉所有错误的观念、腐朽的习惯以及邪恶的思想——统治者们引寻民众或者允许民众感染上这些恶习。下层民众时常在享有自由的同时却带上了奴隶的习性，既体现出自己没有能力实现自治，又对自己封建时代的导师[①]们缺乏怜悯之心。

接下来，为了继续探讨本书的核心议题，让我们忽略造成法国大革命的古老而普遍的早期原因，转向一些更为晚近的具体事实。正是这些事实最终决定了大革命爆发的地点、起源及其特性。

① 此处的“导师”暗指衰落了的贵族阶层。

第13章

18世纪中叶，文人如何成了法国的政治领袖，及其影响

法国一直以来就是欧洲最重视文学的国度，但法国文人此前从未展示过如18世纪这般独特的精神气质，也从未占据过如此卓尔不群的地位。此类情形不管在法国还是其他国家都从未出现过。

他们并不像英国作家那样参与到公共事务之中，相反，已经最大限度远离了公共事务。他们不承担公共职位，尽管社会上官员的职位比比皆是，法国文人却未承担任何公共职能。

然而他们对政治并不陌生，也不像大多数德国文人那样完全沉浸在抽象哲学和纯文学当中。他们持续甚至特别地关注着政府议题，人们听到他们一日日地阐发这些话题：社会的起源与原始形式；被统治力量和统治力量的基本权利；人们彼此之间自然形成和社会造就的关系；流行习俗的是与非；以及律法的基本原则。他们仔细探究宪政问题，批判它的结构和普遍的规划。当然并非所有文人都在尽力对这些大问题进行特别或深刻的研究。对这些问题许多人仅仅粗浅地提及，常语带戏谑，但没有人完全忽略它们。当时的著作中散布着关于政治议题的抽象而富有文学色彩的论调。无论是深思熟虑的论著还是通俗的歌赋，多少都具备这一特色。

这些作家的政治信条各不相同，若想将它们调和在一起，重组为一个政府理论，则是完全不可能的。

然而，若将细节置之不论，只看主要原则，则很容易发现这些作家在一个中心点上完全一致，从这个共同的源头出发，论点各有不同。这一共同的出发点便是，有必要用基于理性和自然法则的简单而基本的规则替代管治着当时社会的复杂而传统的习俗。

仔细考察之下，可以肯定的是，整个 18 世纪的政治哲学的确就存在于该论点之中。

它并非新颖的思想，3000 年来一直前后游荡在人们的思想当中，未能找到安身之所。那么当时它又如何成功地吸引了那个时代所有作家的共同关注呢？它并未像通常的情形那样埋藏在哲学家的脑海之中，而是在大众之中成为如此具有号召力的一种激情，以至于每天都可以听到悠闲之人在讨论关于人类社会本质的抽象理论，而新的思想体系的论调激发起了妇女和农民的想象力。这一切又是如何发生的呢？法国文人无地位、荣誉、财富和责任，却为何能够垄断政治权威？尽管与政府形同陌路，却为何成了当时唯一的政治领袖群体？我试图简要回答这些疑问，从而展示出那些似乎只属于我们文学史的事实却能影响那独特而恐怖的大革命，而我们的时代依然能够感受到这场革命的威力。

18 世纪思想家宣扬那些与那个时代作为社会根基的原则针锋相对的思想，这并非偶然。眼前所看到的景象自然促发了这些新思想。他们不断地看到一系列荒唐可笑的特权所带来的负担日益加重，而造成特权的缘由却日益模糊，因而推动着思想家追寻自然平权的思想。他们还看到众多异常而奇怪的旧制度毫无希望地互相冲突，与时代格格不入；这些制度的优点早已丧失殆尽，却依然控制着人们的生活。思想家们自然憎恶一切古老而传统的事物，于是各人以自己心中认定的理性作为导向，谋求以一些完全新颖的计划来重建社会。

这些作家便自然倾向于完全沉浸在抽象而普遍的政府执政理论中：他们对这一话题并无经验，热情未经实际经验的考验；对阻挡理想变革的现实情况并不知情；对伴随即使最应该爆发的革命的众多危险因素一无所知，也从未考虑过有何危险。不曾有过政治自由的体验，他们自然会曲解政府事务，甚至毫不了解。这些作家从未亲身参与过这类事务，也未见识过参与者的成就，因此缺少了最为肤浅的教育——政治自由的习惯甚至能将这种教育赋予那些未曾参与过政治的人。因此法国文人能够更加大胆地提出新颖的设想，更加喜欢理论体系，更加倾向于蔑视古老的智慧，转而比通常讨论政治的作者更加相信个人的理性。

类似的无知保证了他们在人民大众当中的成功。倘若法国人民仍能通过三级会议参与到政府事务当中，仍能够在各省议会中参与到公共事务的管理当中，那么他们一定会更加冷静地看待这些作家的观点，而从事实务的习惯也会令他们提防纯粹理论的潜在危险。

倘若他们像英国人那般看到改变国家的精神而不必彻底毁坏旧制度的可能性，那么也许会谨慎地尝试那些绝对新颖的事物。然而，任何一个人的财富、舒适度、生命和荣耀每日里都在受到某个旧法律、旧制度或旧的腐朽权威的干预，于是每一个委屈似乎完全不可救药了，只有彻底破坏整个国家的政体制度。

然而，大浩劫之下，我们依旧保留了一项权利——即可以自由地推究社会的起源、政府的自然原则以及人类的原始权利。

一切受到当时立法制度困扰的人顿时狂热地追捧这类讨论政治的作品，包括那些天性不喜耽于抽象沉思的人。所有受屈于人头税的不公正分配的纳税人都为人类自然平权的原则感到兴奋，所有庄稼遭到贵族邻居家的兔子破坏的农民都会激动地听到理性要毫无例外地剥夺所有特权。公众的激情由此披上了哲学外衣，政治的理想则被迫强行并入文学的渠道，而掌控了公共舆论方向的文人则暂时占据了在自由的国度里属于各党派领导人的地位。

他们占据的这个位置甚至无法遭到质疑。一个强劲的贵族阶层不仅会承办公共事务，而且会创造公共舆论，给作家定下基调，赋予各项原则以示权威。但法国贵族早在 18 世纪之前很久就已被剥夺了这些特权，连同名望和权力一同失去。他们曾在公众思想中占据过的位置既已空缺，便没有人能够否认作家有权夺取这个位置了。

贵族体制恰恰迎合而非阻止了这种争夺。贵族忘记已有的理论，迟早不可避免地会成为政治激情进而通过行动来表达出来，因此并不反对讨论整体推翻他们的私有权利甚至自己的生存权的主张，反而将这些讨论看作灵巧的智力游戏，参与其中亦能娱乐他们自己，从而平静地享受豁免权和特权，同时他们也在平静地讨论一切现存习俗的荒唐特性。

我们可以惊讶地认为旧制度的上层阶级盲目地协助别人毁灭了自身，但他们能在何处获得更好的教训呢？在缺乏自由体制的环境之下，统治阶级无法获悉自己应该努力避免的危险，也同样无法察觉应该保留的权利。公共生活最后的踪迹在法国的消逝在当时已过去一个多世纪了。此间却没有任何噪音或冲击警告过留恋旧制度的保守者们注意古老的制度大厦即将倾覆。表面上毫无变化，于是他们丝毫不怀疑内在的革命，思维尚且停留在他们的前辈的水平之上。如同等级会议的报告所揭示的那样，1789 年贵族对皇家特权的嫉恨程度与 15 世纪相仿。另一方面，如伯克客观评述的那样，不幸的路易十六在其遭受民主风暴的浩劫前夕，仍看不到贵族阶层之外什么力量会成为王权的对手。他对贵族的疑心看起来好像生活在福隆德运动时期。与其先祖诸王一样，路易十六确信中产阶级和下层阶级是王权坚定的支持者。

在这些时代的一切奇怪的现象中，令我们这些见识过众多革命的人最感奇怪的莫过于我们的先人脑海中缺少任何革命的思想。对类似的事情从不讨论，因为从未意识到这样的事情。在自由的集体内，经常的振动使得人们的思想对可能产生的大地震保持警觉，也使得各级政府认真注意民情。而在眼看就要快速倾覆的法国旧社会，竟无一丁点的动荡前兆。

我认真阅读过三个等级在 1789 年呈给等级会议的请愿书，三个等级就是贵族、教士和第三等级。我注意到请愿书中经常要求改变一个法律或一个惯例，并一一抄录了下来。我坚持将这个任务完成，并将所有分散的要求放到一处，此时我惊恐地发现这些请愿书几乎同时都在要求系统地废除全国适用的所有法律和惯例。我随即想到一场世界罕见的大革命正在迫近。那些明日即将成为牺牲品的人却没有丝毫的预见。他们幻想着这个复杂的旧社会可以不经历阵痛即可得到改造，而且单靠理性即可完成。可怜的愚人们！他们已经彻底忘记了他们的父辈在 400 年前以简单有力的法语提出的那句古老的箴言：“凡过于渴求自由与权利之人必将堕入奴隶的深渊。”

贵族和资产阶级曾经长久地被隔绝在公共生活之外，在这方面特别缺乏经验倒也不意外。不同寻常之处在于：政府官员——大臣、总督与地方官——居然都同样盲目无知。他们当中许多是各行各业的行家里手，精通那个时代的公共管理科学。但对于一般意义上伟大的政府治理的学问以及观察社会运动并预测其结果，这些人就和民众一样无知了，因为这方面的知识对于政治家而言，只能通过各种自由制度的实际运作才能学会。

这一点在杜尔哥 1775 年呈给国王的报告中得以很好地体现，他建议创立一个代表性立法机构，由人民自由选举产生，每年开会六周，但不行使实际权力。该机构可以关注行政上的细节，但不可以干涉政府，可以表达愿望而非意见，讨论法律而非创立法律。杜尔哥说："这样一个机构将会启迪而不束缚国王，而且给公众舆论提供了一个安全的发泄渠道。不会许可该机构阻碍政府的必要措施，而且陛下可以很容易将它限制在这些范围之内而不至于逾越它们。"没有比这番话更加错误地理解了一个人所处时代的特征或精神的内涵。到革命走向终结之前，可以肯定发生的事情则是杜尔哥的思想已经得以实现，而建立起来的自由模式徒有其名。奥古斯都就成功地做成了这种试验。一个国家若已为长期的纷争所拖累，便会为了和平甘愿受骗。历史教导我们，在这些情况下，只需要从全国各地聚集一批无名的服从政府的顺民，并以一定的工资让他们扮演一个政府机构的角色。这样的例子屡见不鲜。然而在革命伊始，此类事业尽皆失败，因为它们激发而非简单地满足人们的欲望。每一个自由国度里的公民都能认识到这个道理，可精通行政科学的杜尔哥却对此一无所知。

如今应该记住的是法国这个国家对自身事务的处理少有经验，和自身的政府也很少打交道，同时却是全世界识字率最高的国家，因而很容易理解作家如何成了整个国家的一个力量并最终统治了这个国家。

在英国，政治思想家和统治国家的政治家们融汇一处，一批人致力于改造新思想用于实践，另一批人则通过已有的现实来修改理论。但在法国，政治的世界被分隔为两个分开的领域，彼此毫无交流，一个统治着政府，另一个则阐述政府赖以建立的原则。前者根据先例和惯例采纳各种措施，后者则逐步发展出普通法律，却未曾考虑过如何加以应用。一个处理实务，另一个左右着人民的思想。

于是社会便有了两个体系：一个是社会本身，建立在传统体系之上，其自身组织混乱而不规则，具有一系列自相矛盾的法律、界限分明的等级与地位以及不平等的权利；而在这个社会之上还存在一个想象的社会，其中一切都很简单、和谐，公民统一而又富有理性。

民众的思想逐步从前者退避到后者那里寻求庇护。人们对现实的世界变得漠不关心，转而生活在理想之中，并在作家所建立的想象之城里建立了一个精神世界。

我们的大革命经常可以追溯到美国大革命并以后者为样板。美国革命无疑对我们的革命产生了相当的影响，但这个影响与其说是美国革命引发的后果，倒不如说是法国民众当时思想的产物。在其他欧洲国家，美国大革命不过是一个独特而新颖的事物，而在法国它似乎惊人地确认了之前就已知晓的原则。它令欧洲国家震惊，却令我们信服。美国人似乎仅仅执行了我们的作家业已孕育的思想，从而实现了我们当时正在思考的内容，如同费奈隆[①]（Francois de Salignac）突然发现自己竟然身处理想的萨兰坦一样。

对于文人来说，指导一个伟大国家的政治教育是一件完

---

① 费奈隆（1651～1715），法国大主教、作家、教育家，著有《萨兰坦的乌托邦》，在该乌托邦世界中，民众的一切事务皆有君主决定。

全崭新的事情。这或许比其他任何事情都有助于大革命的特质与结果的产生。

民众不仅吸收了文人的特性和气质，还接受了他们的思想。他们长期以来担任整个国家的唯一的导师，但他们的观点从未受到实际经验的检测，结果整个国家阅读他们的著作之后获取了他们的本能、思维习惯、趣味，甚至先天的缺陷。当行动的时刻来临之时，人们便依照文学的原则来解决政治问题。

大革命的研究者们不久就发现领导和掌控大革命的精神同样产生了如此众多的论政体的抽象论著。他们可以发现两个方面同样热爱普遍的理论、宏大的立法体系以及整齐的法律体系，同样信任理论，同样期望建立新的原创体制。发现两个方面都希求以下列方式重建整个宪政体系：依照逻辑规则，遵循一套既定的计划，拒绝尝试部分的修改。多么可怕的情景！因为作家身上的优点经常是政治家的缺点，而产生一本伟大著作的特点可能会导致一场革命。

当时的政治风格多少来源于盛行的文学风格，它充盈着模糊的表达、抽象的措辞、激扬的文字和文学词汇。当时的政治热情使得这种风格风行各个阶层，即便最下层百姓亦不能免。距离大革命爆发很久之前，路易十六的诏令就经常言及自然法则和人权。农民在请愿书中称邻居为“同胞”，称总督为“可敬的地方官”，堂区的助理牧师则是“圣坛上的牧师”，而上帝则是“无上的神灵”。倘若能拼会写的话，他们本来至少可以成为平庸的作家。

这些特点业已在法国思想传统中根深蒂固，结果被误认为是法国的固有特性。事实上它只是一个奇特的教育体系的产物。我们过去 60 年间体现出乐于甚至狂热地追求普遍原则、体系和使用大词宏论来讨论政治事务，我听到有人认为这一点源于我们这个民族的一个怪癖——一个法国思想传统的特性，仿佛此类特点隐藏了许久之后偏偏在19世纪末得见天日了。

不同寻常的是我们居然保留了文学所创造的习惯，尽管我们几乎完全丢失了传统上对文学的热爱。在公共生活中我过去经常惊讶地看到那些几乎从未读过18世纪作品、甚至其他时代的作品同样不读的人们鄙视文人，却忠实地追随传统的文学精神所具有的典型缺陷。

第14章

不敬上帝的思想如何成为18世纪法国普遍占统治地位的热情，又如何影响到大革命的本色

16世纪的大革命激发起了自由探究的精神，借以确定不同的基督宗教传统孰真孰假。自那时以来，时常不断地出现好奇或胆大的思想家对所有基督宗教传统均予以质疑甚至否定。曾在马丁·路德时代令数百万天主教徒离开天主教的同一种思潮每一年都会使一些基督徒离开基督宗教。异端邪说之后必定是弃绝信仰。

总体而言，18世纪的基督宗教业已在欧洲丧失了一大部分权力，但在绝大多数国家尚且是勉强遭到抛弃，而非强烈地予以拒绝。不敬上帝的思想已在君王和智者之中传播开来，但在资产阶级和平民百姓当中它还只是异想天开的时髦想法，而非广为接受的观念。1787年，米拉波这样评论道："德国充斥着一个庸俗的错误潮流，大概是普鲁士君主们很多都是无神论者。事实却是，倘若到处都能找到一些自由的思想家，那里的民众便会同世界上其他国家一样虔敬上帝，而且在他们当中狂热者会相当普遍。"米拉波还强调：很遗憾，弗雷德里克二世没有许可天主教牧师结婚，也没有许可已婚的神职人员保有其职位和收入："我敢断言，这项措施一定和这个伟

大人物的身份相符。”但在法国，不敬上帝业已成为一种热情，普遍、热烈，具有不宽容和压迫人的特点，其他国家则不存在这种情况。

法国所上演的这些场景并非没有先例，既定的宗教，过去常常遭到激烈地攻击，但攻击这些宗教的热潮总是源于追求某个新宗教的热忱；甚至在古代，那些错误且可憎的宗教并未遇到激烈或普遍的对抗，直到基督宗教最后兴起，取代了它们。在此之前，这些宗教尽皆老朽，于是在质疑和冷漠的态度之下平静地消亡。而法国的基督宗教遭到了疯狂地攻击，但却没有新的宗教试图在基督宗教的废墟上建立起来。狂热的行为目的仅仅在于从人们的脑海里根除基督宗教信仰，可余下的是一片空白。民众群起积极地参与到这项毫无结果的事情当中来，再也没有比这种对宗教的绝对背叛更令人类自然的本性备感厌恶以及令灵魂产生更多的痛苦的了。就是这种绝对的背叛却吸引了社会大众。它曾经引发了一种病态的衰弱，如今又导致了狂热的思潮和空洞的说教。

当时几位文坛领袖巧合地给人感觉不信仰基督宗教，并不足以解释这一特殊的情形，原因在于：为什么所有这些作家毫无例外地注意到这个方面而忽视别的方面？他们中没有人持相反的立场又是如何发生的呢？与前辈不同，他们能够在民众当中找到知音和对他们有利的倾向，究竟原因何在？这些问题的答案必须在当时当地的特点之中来探求。也是朝着同一个方向，我们才能找到这些作家的成功的秘密。伏尔泰的思想早已存在于这个世界了，但他的领袖地位除了在 18 世纪的法国，恐怕从来不可能得以建立。

让我们首先确认法国教会当时并不比其他国家更容易受到攻击，事实上比起许多外国教会，法国教会染上的恶习和做下的恶事数量更少，法国教士也比前任和其他国家的教士更加宽容。因此不敬上帝这一现象的真正根源与其归于当时教会，倒不如归于社会的现实。

在追寻这些根源的过程中，我们必须仔细牢记前一章论述的结论，即政府管治错误所激发起的反对意见由于被排除在政治世界之外，便只能在文学里栖身，由此文人便成了要推翻国法国一切社会、政治制度的这一“党派”的真正领袖。

既然如此，这一问题便又以另一形式呈现出来，它不是要问“当时作为宗教制度的教会犯下了何种过错”，而是要问“教会如何成了大革命前进路途上的障碍并给身为革命领袖的文人们带来了麻烦”。

教会主张的基本原则与文人希望国家的政治生活能加以实践的原则相忤。教会建立在传统之上，而文人们对一切借历史悠久来获取尊重的制度表现出极大的轻蔑。教会认定在个体理性之上应有更高的权威，文人则只依靠个体的理性。教会坚持等级制度的观念，文人则坚持铲除一切等级差异。双方从未达成谅解，除非都承认本质各异的政教两个社会无法依照相似的原则来治理。由于双方都不可能承认这样的观点，对于改革者而言，似乎绝对有必要摧毁当时的宗教制度，以便触及政治制度，因为后者正是建立在前者的基础和模式之上。

再者，教会在所有的政治制度中首当其冲，虽然算不上最压迫人的制度，但的确是最为可恶的一个。它已成为一个背叛了其自身职业和本色的政治制度，遮蔽了上层社会的罪恶，却审查民众之中的罪恶，将其神圣的衣钵罩在现存的制度之上，似乎想让其他社会制度如同教会自身一样不朽。因此攻击这样一个制度必然赢得整个社会的认同。

除了这些普遍的缘由外，当时的作家意欲首先攻击教会自有其特别甚至可以说个人的动机。教士代表了政府体制中距离文人最近而又对待文人态度最恶劣的那个阶层。其他权威阶层仅仅偶尔与作家发生冲突，但教会由于专门负责监控思想界以及审查文字，因而对于文人来说几乎日日如芒刺在背。文人代表着人类普遍的自由权利，却遭到教会的反对。结果文人被迫自卫，将教会视作为摆脱政治束缚而开始攻击的外围目标。

然而，摆在文人面前的所有外围目标中，教会又看上去最为虚弱，防卫能力最弱。随着王权不断强大起来，教会的力量日渐衰落。教会曾经凌驾于王权之上，接着与王权并驾齐驱，如今仅仅是国王的臣民了。二者互换了“礼物”，教会很乐意放弃自己的道德力量来换取王权所赠予的特权。国王强迫民众服从教会，而教会则教导民众尊重王权。这桩交易在距离革命爆发的岁月里十分危险，当然给依仗信仰而非权力的教会一方造成不利。

尽管国王们仍将自己标榜为教会的长子们，然而他们并不特别地虔敬，关心自己的权威远甚于关心教会的权威。虽然不允许后者遭到公然挑衅，却对暗地里阴险地攻击教会的行径不加阻止。

一大批施加在教会对手头上的限制未见减弱反而增加了对手的势力。压迫有时候阻止思想的发展，但也经常会加速它的发展。同样，当时存在的那样一个出版审查制度也会一百倍地增强思想的力量。

作家被折磨到怨声四起，但尚未到达被恐怖吓倒的地步。他们在各种限制之下奋斗，结果并未被彻底击溃，而是走向了抗争。针对文人的诉讼几乎总是嘈杂、缓慢而又毫无结果，到头来只是更加激励而非压抑了言论的自由。一个完全的出版自由本来可以让教会的处境更加安全。

1768 年，狄德罗曾在信中这样对休谟[①]（Hume）说："您认为：与你们的毫无限制的自由相比，我们宗教上的不容异端的政策对思想的进步更为有利：多尔拜克、爱尔维修[②]（Helvétius）、莫赫雷（Morellet）以及苏阿赫均不赞同您的看法。"然而，苏格兰人休谟的确是对的，他有着一个自由国民的体会。狄德罗以一个文人的身份来判断，而休谟在则是一个政治家。

无论在国内外，倘若我问遇见的一个美国人：你是否认为宗教应服务于法律和社会秩序？他会毫不犹豫地回答：文明社会，尤其自由的社会，不可能离开宗教而存在。在他的眼中，尊重宗教能够保护政治稳定与个体安全，那些对政体知之甚少的人对此却很是熟悉。世界上没有哪一个国家像美国这样能够将 18 世纪哲学家的最大胆的政治观点如此广泛地应用于实践之中。然而，尽管美国人享有无限制的出版自由，他们那里的异端主张却从未有多少发展。

我也可以谈谈在英国发生的类似的情况。早在上述我们的那些哲人出世之前，英国人就知道了我们所说的不敬上帝的学说。帮助伏尔泰完成最后的哲学教育的乃是博林布鲁克[③]（Bolingbroke）。整个 18 世纪，背叛宗教信仰的著名斗士在英国大有人在。能干的作家、深邃的思想家纷纷加入这个行列，

---

① 休谟（1711～1776），苏格兰哲学家、经济学家、历史学家和散文家，哲学上以经验论、怀疑论著称。

② 爱尔维修（1715～1771），18 世纪法国启蒙思想家、唯物主义哲学家。

③ 博林布鲁克（1678～1751），英国托利党政治家、政治哲学家，自然神论哲学家，反对传统的宗教观。

但他们从未获得过胜利，因为在革命中必有所失的人都忙不迭地支持现有的信仰。即便那些与法国社会颇有来往且不拒绝接受我们的哲学家观点的英国人也认识到这些学术的危险性。每个自由国度所拥有的伟大的政治党派都发现，支持教会的事业符合自身的利益，据说博林布鲁克就和主教们结盟。在这个榜样的感召和支持意识的鼓舞之下，教士阶层竭力自保。尽管该体制有其罪恶之处，组织内部充斥着各种劣行，英国教会始终屹立不倒。教会的各个等级涌现出众多作家和演讲家，他们热烈捍卫国教。社会各界对异教学说加以讨论、驳斥和拒绝，对政府的职能未加任何干预。

但我们为何要到外国寻找这些例子呢？如今那个愿意写出狄德罗或爱尔维修的作品的法国人在哪里？谁又会阅读这些人的作品呢？我甚至可以说，谁知道这些作品的题目吗？过去的60年间，尽管公共生活尚不全面，我们则经历了足够多的公共生活，以至于丧失了对这一危险的文学风格的一切兴趣。看看每个阶级在历次革命的残酷经历中逐渐认识到尊敬宗教的必要性。旧的贵族是1789年之前最不敬上帝的社会阶级，也是1793年之后最为虔敬的阶级。他们最先受到攻击，也是最先恢复了元气。资产阶级在他们走向胜利的路途中遭到击垮，他们也随之接近宗教。随着人们在普遍的社会混乱中各有所失，对宗教的虔敬逐渐进入到每个人的心中，而不敬上帝的思想开始在人们对大革命的恐惧之中消失或者隐藏起来。

走向旧制度终结时刻的社会状况则是完全不同，政客们脱离实践，对宗教在帝国政府中所起的作用一无所知。因此那些对维护秩序和管治百姓极其感兴趣的人之中便不乏不敬上帝者；不单单是背弃信仰者，还有到处宣扬这种思想的人，他们将传播不敬上帝的行为当成了一种悠闲度日的习惯。

法兰西教会在此之前不乏诸多演讲高手，结果却是那些本该为了一个共同的利益团结在教会一边的人将之抛弃，教会于是在静寂之中沉沦。那一刻仿佛教会为了保住财富和等级甘愿妥协，并且牺牲了自身的信仰。

基督宗教的支持者一片沉寂，而攻击它的人则甚嚣尘上，以至于前者开始惧怕自己意见过于奇特，惧怕这种奇特胜过惧怕错误，就加入到大众意见当中去，而不去影响他们。于是整个国家便被赋予了单一派别的观念，甚至连那些造成这些错误表象的人也觉得这些新的思想不可抗拒。这一现象自那时起便在法国经常见到，不仅关乎宗教，也与完全不同的领域相关。

18 世纪末，一切宗教信仰的衰落造成了普遍的信用的丧失，这无疑对我们的大革命也产生了广泛的影响，塑造了大革命的特性，而这一独特的环境也赋予了大革命的表象以可怕的一面。

我已尽力描述了法国不敬上帝所产生的各种效应，并且发现这种思潮将人们引入如此奇怪的极端状态，采用的方式是扰乱人们的思想，而非降格人们的心灵或者腐蚀他们的道德。

当时宗教逃离了人们的心灵，但心灵并不像通常的情形那样一片空白、深受重创，而是由新的思想与情感充斥和暂时占据，并不允许心灵崩溃的可能。

如果说大革命时代的法国人比我们更加不敬上帝，他们具有一项我们所缺乏的伟大信仰：相信他们自己。他们强烈地相信人的可完善性和力量，渴望荣耀，笃信自身的德行。他们骄傲地依靠自身的力量，尽管常常会导致犯下错误，但缺少这一信念的民族便不适合享有自由。他们毫不怀疑地认定他们被号召来改造社会、革新人类。这些思想和激情于是成为一种新的宗教，如同众多我们看到的宗教一样遏制了自私、激发了英雄主义和公正无私，并帮助当时的人们不再锱铢必较于依旧控制着当代法国人的众多琐屑的顾虑。

我业已广泛地研究了历史，可以做如是断言：在我所知晓的所有革命事件中，唯有法国大革命一开始便拥有如此众多的人持有如此赤诚、无私与真正伟大的爱国情操。这个国家当时犯下了独特的错误，但同样展示出了独特的青春气质（抑或是曾经属于年轻人所特有的道德气质）：那错误便是缺乏经验，那气质便是胸怀宽阔。

尽管如此，不敬上帝仍然带来了难以估量的罪恶后果。

纵观这个世界所发生过的大多数的政治革命，革命者攻击俗世的法律制度却尊重宗教信条。同理，宗教革命的领袖很少致力于改变世俗制度的形式、特征以及废除整个政府体系。因而即便在最为宏大的社会剧变当中，总会有一个坚固的堡垒得以保留。

法国大革命则将世俗和宗教的法律一并推翻，社会的思想顿时失去了平衡。人们举止失措、无法可依，于是产生了一个全新的革命秩序，革命者的勇敢成了疯狂，一心一意地创新，毫无顾忌，不理睬任何争论和反对意见。不要以为这个新的人类群体只是短时间内自发的环境产物，会随着环境的消失而必将消亡。这个群体所产生的“种族”已经在整个文明世界中繁衍和传播开来，保留了统一的模样、激情和特质。可以发现这个群体在我们出生的时候就已经存在，如今仍与我们同在。

第15章

法国人如何追求改革胜过自由

有一点值得我们注意：在所有导致法国大革命的思想和情感之中，追求政治自由的理念就其最纯粹的意义而言最后一个露面，也是第一个消失。

政府的旧制度长久以来根基不稳，无人攻击的时候尚且摇晃。伏尔泰几乎没有思考到这一点，在英国三年的旅居使他了解了这个国家，但没有爱上它。他高兴地看到怀疑主义哲学在英国人当中得到自由地传播，但他并不为英国人的政治法律所打动，不赞扬反而批评它。写自英国的书信是伏尔泰的杰作之一，却对英国的议会鲜有提及。他艳羡英国人的出版自由，但并不关心后者的政治自由，仿佛这两种自由可以不必互相依存而独立存在。

大约在18世纪中叶，作家阶层开始关注公共管理，拥有很多共同的观点，因而被特别称之为“经济学家”（economist）或“自然法则政治论者”（physiocrat）。他们在历史上的知名度不及当时的启蒙哲学家，对大革命的形成所产生的影响也不太直接，但我认为该阶层的本质特征能够在其作品中得到最好的体现。哲学家大部分情况下将自己局限于讨论与政府议题相关的抽象而普遍的理论。而这些经济学家既研究理论，又愿意屈尊关心现实。前者提供理想，后者提供改革的具体计划。经济学家轮番攻击大革命要废弃的一切制度，一切旧制度皆不入他们的法眼。另一方面，一切由大革命建立起来的新制度他们都事先加以宣扬，并予以热情推介，很难找到一个制度在他们的作品当中未曾加以详细介绍过。

而且，他们的著作洋溢着我们如今非常熟悉的那种民主和革命的精神。他们憎恨的并非某些具体的特权，而是一切阶级的差异。他们愿意在广受奴役的社会状态下追求权利的平等。他们认定为阻挡实现这些目标的障碍必要彻底予以击碎。他们藐视契约和私有权利；的确，与他们那引人入胜的公共事业相比，他们很难认可个人权利存在的意义。然而，他们皆是安静平和之人，有着可敬的性情，或是诚实的地方官，或是能干的行政官员，但却过度沉浸在自己的责任所产生的独特思想之中，失去了理性。

这些经济学家对历史无比地藐视。勒特讷曾说："这个国家正处在错误原则的治理之下，一切似乎都已经交给了机遇。"从这一观点出发，他们试图竭力要摧毁一切看起来破坏了他们统一的计划的制度，无论这种制度多么古老而悠久。早在制宪会议将法国重新划分各省的40年前，就有一位经济学家建言废除当时已有的一切区域划分方法以及所有省份的名称。

在自由制度的思想一度闪过脑际之前，他们设想出了大革命所实施的一切社会和行政改革措施。他们乐于废除产品、商品的生产、运输的一切障碍，却从不思考政治的自由，偶有念及，随即予以拒绝。他们中的大多数人强烈反对议会制度，反对设立地方和二级的权力机构，反对自由制度的国家时常设立的与中央政权相制衡的各种力量。凯奈[①](Quesnay)曾说："制衡制度乃是各种政府制度中最为致命的一个理念。"他的一位朋友则自以为是地认定："制衡制度是各种胡思乱想的产物。"

他们提出的唯一可以预防专制的方法则是公共教育，因为如凯奈所言："一个受过启蒙的国度不可能出现专制。"他的一个信徒则说："人类已经创造了一系列毫无结果的手段，旨在除去政府专制导致的邪恶，但他们都普遍忽视了那唯一一个真正有效的手段，即一个建立在公正与自然秩序之上的普遍而长久的公共教育制度。"他们正是想用这样的荒谬的文学幻想来替代政治上的制度保障。

勒特讷曾痛陈政府对农业地区的忽视，言称那些地方没有道路、工业和思想的进步，但他似乎从未意识到：倘若这些地区的事务都托付给人民自己来处理，这些地区本可以得到更好的管理。

即便思维开阔的天才人物杜尔哥也只是比这些经济学家对政治自由稍多关注。他直到晚年才开始重视它，当时舆论也开始关注这个方面。像经济学家一样，他也认为所有政治保障当中当属国家实施的公共教育，但他希望这一教育将依据特定的计划和特定的精神加以实施。一位同时代的人将这一教育标榜为"建立在特定原则基础上的教育机制"，而杜尔哥视之为思想的良药，对它的作用深信不疑。他曾在一份讨论该议题的给国王的备忘录中这样说道：

"臣斗胆断言：未来十年内国家将会彻底发生改变，陛下

① 凯奈（1694～1774），法国自然法则政治学派（或重农主义）的代表经济学家，1776年曾著《中国的专制制度》一书，赞同当时中国社会的东方式的专制政治。

将难以看清。而且就启蒙、道德、忠诚和爱国而言，本国将超越世界上任何一个国家。如今才十岁的儿童届时已然成人，锻造他们的爱国之情操，遵循权威乃出于信仰而非畏惧，对同胞仁慈，习惯于服从和敬重公正的判决。”

长久以来，政治自由在法国遭到了破坏，结果人们几乎完全忘记了和自由相关的条件和效果。不仅如此，该制度残留下来的不规则的遗迹，以及那些建立起来的取而代之的新制度反而激发了人们对自由的偏见。大多数残存的三级会议机构展示了中古世纪的精神和形式，从而阻止而不是促进了社会的进步。最高法院作为唯一的政治实体，无力阻止政府行恶，反而经常妨碍后者行善。

经济学家并不认为有可能利用这些旧制度作为实现大革命的工具，也不认同将他们的计划全部交由自主的国家来掌控。他们也怀疑将实施如此繁杂而又精密改革的使命交由全体人民是否可行。他们的设计和思想可能通过王权得到最好和最方便的实践。

这一新的王权在中世纪尚未出现，也不具有中世纪的烙印。经济学家在它身上找到了缺点，但更看到了优点。它表达了他们对废除等级的喜好，让一切法律得到统一实施。它表达了他们对旧制度发自肺腑的憎恨，这些旧制度产生自封建制度或者为贵族制度服务。它是当时欧洲组织最好、气势最足、力量最强的统治机器。它的存在对于经济学家来说似乎是非常幸运的事情。如果当时的人也像我们现在一样将一切可能的情况都称之为天意的话，他们的确可以称这个制度为天意所赐。勒特讷这样评论道：“法国的情况要比英国好出百倍，因为我们这里的改革将会改变整个国家的状况，能在瞬间得以完成。而英国的党派纷争总是令同样的改革措施最终失败。”

因此他们目的在于改造而非废除绝对王权。“国家必须依据自然秩序的法则加以治理，”梅西耶[①]（Mercier de la Rivière）这样说，“既然如此，国家的权力就必须是绝对的。”另一个经济学家则说：“要让国家的权力充分理解自身的职责，为此就该让它不受丝毫的约束。”从凯奈到波多神甫，所有这些经济学家当时都持同样的观点。

但他们并不满足于利用王权来实现社会改革，而是从它那里借鉴了他们提议建立的未来政权的理念，二者在一定程度上互为模板。

他们认为国家的权力不仅必须要治理好国家，而且必须塑造这个国家。它必须依照既定的模式来塑造国民的思想，有责任用它认定为必要的观点和情感来影响国民的身心。事实上，对它的权利和权力不应有任何限制，它将改造和转变臣民，如果它觉得合适，甚至也许会创造出新式的臣民。波多神甫认为：“国家将民众塑造成它希望的样子。”该句箴言简直概括了整个经济学家群体的思想精髓。

就起源、特性和规模而言，经济学家所设想的强大的社会力量与此前他们所了解的一切力量都完全不同。它非来自神授，与传统、个人无关；属于国家而非国王；不是某个家族的传家宝，而是集体的产物和整个国家的代表。个人的权利让位于全体国民的权利的集合。

经济学家对我们称之为“民主专制制度”的暴政形式相当熟悉，这一形式在中世纪尚未形成。没有社会等级、阶级

---

① 梅西耶（1720～1793），法国启蒙时期政治经济学家，和米拉波、特霍斯罗以及本段结尾所提到的波多神甫都属于凯奈为核心的法国自然法则政治学派代表人物。

差异；民众由完全平等、彼此极其相似的个体所组成；这个民众集体被视作唯一合法的权力主体，却被完全剥夺了指导甚至监督中央政权的手段；只有一人可以代表这个集体，可以不向这个集体请示自行决断；控制这个代表人物的力量仅仅是公共的善恶良知，但缺少展示这一良知的机构；结果只有革命而非法律能够制衡他：法律上他仅仅是个附属的民众的代言人，实际上却是他们的主人。这便是经济学家们的构想。

在他们的周围找不到符合此种理想的现实制度，他们便到亚洲寻觅一个样板。可以毫不夸张地断言，这些经济学家几乎每个人都在其著作中的某个地方热情讴歌了中国。阅读他们的书籍就一定能找到，由于中国即便在今天的法国也不太为人所知晓，因此他们当时对此话题所发表的观点总体上尽是荒诞之言。他们希望世界上所有国家尽皆建立与那个野蛮而愚昧的政权完全类似的制度，这样一小撮欧洲人便可以随心所欲地统治天下。中国之于他们就是英国以及后来的美国之于全体法国人的意义。他们满怀感情和喜悦地设想一个由绝对而无私的主体来控制的政权，这个权力主体每年亲手耕作一次便可以彰显实用技能的重要性，而这个国家的唯一宗教是哲学，唯一的贵族是文人阶层，官员的公共职位则授予文学竞赛的胜出者。

阅读摩莱里[①]（Morelly）的《自然法典》一书你就会发现经济学家关于国家权力应该万能且无限的主张，你更能看到近来让法国人感到惊惧的若干政治理论。这些理论的源头我们或许业已见识过——集体的财产，劳动的权利，绝对的平

---

① 摩莱里（1717～？），法国18世纪空想社会主义者、哲学家，《自然法典》初版于1755年。

等，彻底的一致，对个体行为的机械管治，对所有臣民的暴政，以及个体完全臣服于社会制度的统治。

该书的第一条法则这样写道："无人可以单独拥有任何财产。"第二条法则则宣布：

"财产是可憎的，任何人试图重新建立财产制度将被终身监禁，并被视作危险的疯子和人类的敌人。国家的公共支出负责每一位公民的生存、发展以及工作。所有产品收归公有，按需分配。所有的城市按照统一的规划建设，私人住宅也会统一。所有的儿童在5岁时统一离开家庭并接受统一的集体教育。"

阅读这本书，仿佛让你觉得写于昨天，其实早在100年前就已出版。它发表于1755年，与凯奈的经济学派的成立在同一时间。的确如此，中央集权和社会主义出自相同的土壤：一个是花园里的野草，另一个则是培植的花木。

在那个时代的所有人之中，经济学家似乎最适宜生活在当今法国。他们对平等的热情如此强烈，对自由的热爱如此变幻，我们尽可以将他们错认为我们的同时代人。我阅读到那些发起大革命的人所写的演讲和著作时，感觉自己置身于陌生人当中。然而，只需看一眼那些经济学家的作品，我感觉自己好似已与他们相处日久，刚刚还与他们交谈过一般。

1750年前后的法国整个国家和那些经济学家一样对政治自由漠不关心，但自由的理念遭到废弃之后，人们便不再喜欢它，甚至想都不想了。人们追寻改革而非权利。倘若当时执掌王位的国王能有弗雷德里克大帝那般的才干和个性，无疑他定会实现后来由大革命所完成的众多改革，那样不仅不会危及王位，更能获取大量的权力。路易十五的最能干的大臣之中有一位德马舍先生，他便有此意，并告知了国王。但此等伟大的事业绝不会经由他人的建议而得来，能够完成它们的人必能自己率先产生这些想法。

20 年足以改变事物的面貌。法国此时开始了解并热爱政治自由了。这样的例子比比皆是。各省重新希望获得自治的权利，人们的头脑充斥着这样的思想——全体民众有权参与到自己的政府之中去。过去的等级会议的记忆开始复苏。整个国家憎恨所有的过去，唯独喜爱回忆这一段历史。新的潮流裹挟着经济学家，迫使他们对自己倡导的统一的国家制度加以修订，补充进去一些自由的制度。

1771 年，最高法院遭到废除，此前深受其害的民众此时却为最高法院的衰亡深感不安，好似能够制衡绝对王权的最后一道屏障业已遭到毁坏。

伏尔泰为这种反对废除最高法院的声音所震怒，他在给朋友们的书信里这样写道：

几乎整个王国都沉浸在混乱、喧嚣与惊慌失措之中，各省骚动的剧烈程度不亚于首都巴黎，然而敕令在我看来充满了有用的改革措施。去除一切贪官污吏，建立司法公正的法庭，阻止诉讼当事人从王国各地来到巴黎却身败名裂，由国王来支付庄园的法官的费用——这一切难道不是为整个国家提供的伟大服务吗？这些最高法院难道不是野蛮且待人恶劣吗？老实说，我钦佩卑微的“法国佬”，他们支持这些无礼且桀骜不驯的资产阶级。在我看来，国王是正确的；如果必要听命于一个，我愿意选择听命于一头有教养的狮子，自然比我强大得多，远胜过两百只我这般出身的鼠类。

接着他又补充辩解道：

想想我多么高兴地看到国王给全体庄园主带来的实惠——他负担了所有庄园法庭的费用。

当时伏尔泰已经离开巴黎很多年了，以为民众的思想仍旧同他当初了解的一般，而实际上情况早已不同了。法国人此时不再满足于看到自己的事务得到很好的治理，而是想要自己亲自治理，此刻可以清晰地看到伟大的革命处在孕育之中，即将爆发，不仅已经拥有了民众的支持，而且将由他们亲手引爆。

我想从这一刻开始有一点已不可避免：即激进的革命将同时毁掉旧制度的最糟糕的特点以及能够挽救制度的优点。没有任何实践经验的民众不可能在改革的同时不去破坏一些事物。一个绝对的君权本可以成为一个不太危险的改革者。而且在我看来，这场革命曾毁灭了如此众多的反对自由的制度、思想和习惯，同时也毁灭了其他作为自由的存在条件的其他制度、思想和习惯。通过这一点我愿意认定：倘若革命是由一位专制者所完成，那么革命或许会让我们更容易建立一个自由的国度；然而事实是大革命恰恰由民众以自主的方式加以实现。

凡欲理解法国大革命的历史的人有必要将以上的分析仔细牢记在心。

就在法国人具备了追求政治自由的想法之时，他们却深信一些关于政府议题的理念，这些理念不仅很难和自由相容，而且几乎和自由作对。

在法国人想象的理想社会之中，没有贵族而只有公共官僚体制，没有权威而只有中央政权——唯一、拥有无上权力的国家的指导者和个体的导师。他们在追求自由的同时不希望放弃这个体系，并试图在二者之间调和。

他们试图将一个不受限制的行政权力和一个占据优势的立法机构结合在一起——一个用来治理的官僚体系，一个用来统治的民主制度。集体而言，国家拥有无上的权利；个人而言，公民完全束缚在对国家最大的依赖之中。然而，那就需要前者拥有一个自由民族所需的道德和经验，需要后者拥有一个温顺仆人所需的良好素质。

一方面意欲让政治自由适应陌生甚至敌对的各类制度或思想，另一方面我们习惯上和这些制度和思想密不可分或者愿意为之吸引。正是这种试图让自由适应这些制度和思想的意图导致过去 60 年间出现的众多无意义的政府改革的试验。然后我们就经历一次次致命的革命，由此众多法国人对毫无结果的辛苦努力倍感疲倦和失望，于是放弃了第二个目标转而回到第一个目标，宣称毕竟在一个主人的统治下能够享有一定的平等权利。因此比起 1789 年的那些先辈，我们更接近于 1750 年的经济学家们。

我经常自问：究竟是什么样的根源产生了追求政治自由的激情？而正是这种激情激发了人类为之骄傲的有史以来最伟大的成就？它究竟扎根于什么样的情感，又在哪里获取到了养分？

我足够清楚地看到：民众深受糟糕的政府治理之后就渴望自治；但这种对独立的热爱仅仅来自于专制所带来的某种短暂的恶果，因而并不能长久。它与催生它的事件一起消亡，对于自由的热爱结果只是对一个独裁者的憎恨。而真正热爱自由的民族痛恨的恰恰是依赖本身。

我不相信对自由的真正的热爱能够因为看到自由带来的物质优势而受到激发，因为这些物质优势并不总是能得到清晰地预见。自由长期来看总能给那些能够保住自由的人们带来舒适、福利，通常还有财富，的确如此。但是它也会不时地干扰这些益处，有时候只有独裁者才能确保人们的快乐。那些仅仅为了自己才珍视自由的人从未能长久地保住自由。

正是这种自由本质上的吸引力、它那独特的魅力——完全不依赖偶然的福利——在历史上如此强烈地控制了那些伟大的自由斗士。他们热爱自由因为他们热爱这样的一种快乐——只接受上帝和法律的治理，能够自由言说、行动，自由地呼吸。一个追求一切却不追求自由本身的人注定要做个奴隶。

有些民族追求自由却不为了物质上的回报，历尽千难万险依旧毫不动摇。他们将自由视作极端珍贵和必需的好处，任何事物均无法代替它的丧失，而一旦得到自由，一切可能的痛苦均将在这一快乐中得到补偿。相反，其他一些民族则在富裕的生活中开始厌倦自由，他们允许自由从自己的手中被夺走，却不加抵抗，害怕任何维护自由的行为将导致自己福利的减少。那么他们需要什么才能维护好自由？对自由自身的热爱。不要让我来分析这种崇高的品位，它只能被感知，在每一颗伟大的心灵之中它都有一席之地，上帝业已让这样伟大的心灵做好了接收自由的准备：自由填充并点燃了心灵。试图向那些从未感受过自由的卑微的心灵解释自由终将是一种徒劳。

第16章

路易十六的统治乃是旧王权制度下最繁荣的时代，这种繁荣如何本质上加速了大革命的爆发

无疑，法国在路易十四治下的衰落在王权最终覆灭之前早已开始。衰弱的表象甚至在其统治下最辉煌的岁月里就已存在。早在停止扩张之前法国就已经衰败。有谁未曾读过沃邦[①]留给我们的那篇论述行政管理数据的可怕文章？17世纪末，在致勃艮第公爵的备忘录中，就在那场灾难性的“继位战争”（war of Succession）爆发前夕，所有的总督都指出国家正在衰退之中，但都不认为这种衰退是不久前才开始的。其中一个总督指出在其省区内近年来人口急剧减少；另一个人则说某个城镇以前繁荣富足，现在却欠缺工业劳动力；一个汇报说曾经省区内有人经营工厂制造业，现在尽皆遭到废弃；又有一个称土地不再似20年前那般富饶，农业也不再多产；奥尔良的一个总督断言人口和生产30年间业已下跌了20%。应该推荐那些热爱专制的国民和好战的君王们读读这些文献。

① 沃邦（1633～1707），法国元帅、军事工程师，以设计和攻克堡垒著称，曾向路易十四建议如何巩固边境。

既然这些恶果出自国家宪政的缺陷，那么路易十四的驾崩甚至和平的来临均无法恢复公共的繁荣。18世纪上半期，论述政府制度和社会经济的作者无一例外地坚持认为外省并没有得到复苏——它们的衰败则在不断加剧。他们坚持认为只有巴黎在规模和财富上持续增长。在这一点上，总督、大臣、商人和这些文人的看法一致。

我必须承认自己并不相信这一关于法国在18世纪上半叶不断衰败的论点。然而，当时该论点流传广泛，甚至连那些学识渊博之士均作此判断，可见没有多少明显的进步可言。事实上，我所浏览过的所有那个时代的政府文件体现出一种社会发展停滞的气象：政府只在旧的制度下循规蹈矩，没有丝毫的创新；城市不做任何工作来使得居民的生活条件更加舒适、健康；个体也避免承担任何有意义的事业。

到距离大革命爆发大约三四十年之际，情形发生了变化。整个社会制度的每个部分似乎都随着内在的不安而躁动。这一现象史无前例，因而粗心的观察人士并未加以注意，但逐渐变得更加典型而突出。年复一年，这种躁动不安日益普遍和剧烈，直到整个国家应声而动。注意，不要以为这个国家的传统生活方式就要得以恢复，而是一个新的精神正在苏醒，赋予这个国家以生命恰恰为了毁灭它。

每个人都对自己的条件不满，并致力于改变它。改革的呼声无处不在，但人们显示出不耐烦和愤怒之态，诅咒过去并梦想着出现各个方面和眼前的世界完全相反的景象。这种精神不久就渗入中央政府，表面上没有变化，却从内里实现了转变，法规照旧，但改变了运作的方式。

此前我已经说过：1740年的内阁总管和各省总督与1780年的这些官员具有完全不同的特征。当时的官方信函就体现了这一点。两个时代的总督拥有同样的权威，雇用同样的代理人，运用同样的仲裁方式，但它们的目标却大相径庭：1740年的总督专注于保持各省的稳定，征收兵役和人头税；1780年的总督满脑子则想着如何增加公众的财富。他们关注的是道路、运河、工商业，尤其农业。萨里（Sully）便是当时行政长官的典型代表。

我提到过的农业协会正是在这一时期开始建立起来，市场竞争开始普及，农业奖赏得以发放。我看到内阁总管的通函读起来更像农业的论文而非国家的官方文件。

当时政府官员态度上的变化最好的体现莫过于税收的征收上。尽管法律和过去一般不平等、专制和粗暴，但它们实际所造成的冤屈业已大大减少。

莫利昂[①]（Mollien）先生在其《回忆录》中曾写道：

> 我开始研究税法时，为我的发现感到震惊，比如，特别法庭可以因为细小的过失判处罚金、监禁和体罚；农民征税员只需以宣誓为担保便可对他人和财产全权采取措施，等等。不幸的是，我的研究并不仅限于法律条文，不久我就发现条文和法律的应用之间的差距如同新旧税吏习惯上的差距一般巨大。法庭总是倾向于开脱罪行、减轻处罚。

1787年，下诺曼底的省议会也同样认为："税收的征收会导致无数的弊端和恼火的事情，但我们必须承认近年来法律的实施业已相当温和和仁慈了。"

官方的大量文件证实了这一说法：断言生命和自由权得

---

① 莫利昂（1758～1850），曾任法兰西第一帝国财政部长（1806～1814）。

到尊重；进而表现出对穷人疾苦的普遍关注——这倒是一个全新的态度。国家不再使用暴力对付穷人，反而经常减免税赋、拨款救济。国王负责拨款给所有的乡村救济所和济贫院，偶尔增建新的救济所。我发现1779年单在上吉延（Haute Guyenne）财政省国家就投入了8万里弗尔用于慈善救济，1784年在图尔投入了4万，1787年则在诺曼底投入了4.8万。路易十六总是不愿意将这类公共事务交由大臣们去处理，经常亲自处理。1776年，国王打猎时对皇家狩猎园附近居住的农民的田地造成了损毁，需要颁布一道敕令弥补他们的损失，国王居然亲自撰写前言，并告诉农民们获得快速补偿应该遵循的程序。杜尔哥告诉我们这位善良而不幸的君主交给他御笔手书的敕令草稿时对他说道："你看，我也在替我自己工作。"如果人们真的按照旧制度存在的最后岁月的真实状况来描述的话，那幅画卷将会比人们期待的好过很多，但又会看起来相当不真实。

就在被统治者和统治者的思想发生这些变化的同时，社会开始前所未有地快速发展起来，呈现出繁荣之态，这一现象表现出各式各样的征兆：人口快速增长；财富增长得更快；发生在美国的战争并没有阻止这一趋势，国家完全陷入债务的危机之中，但并未阻止个人财富的增长，个人变得更加勤奋，更加富裕，也更加富有创造力。

当时的一位官员宣称：1774年"工业的进步如此迅速，结果可以征税的商品总量大大增加"。如果比较一下路易十六治下不同时期政府和收税公司的分包合同，可以发现税收的总量一直以惊人的速度增长。1786年的合约税收量比1780年多出了1400万。耐克尔在其1781年的报告中估算认为："消费品的税收产出增长速率达到了每年200万。"

亚瑟·扬宣称1788年波尔多（Bordeaux）地区的贸易额超过了利物浦，又说："近年来法国的海上贸易比英国发展更快，整个法国的贸易总额在过去20年间翻了一番。"

尽管时代背景有所不同，仍然可以断言：大革命以后的法国社会从未取得过大革命之前20年间的那般繁荣。在这方面，唯有历时37年、让民众享有和平和快速发展的君主立宪时期可以和路易十六的统治时期相媲美。

考虑到中央政府所犯的罪恶以及压在工业领域的重负，这一巨大而快速的繁荣所构成的景象相当惊人；的确，如此惊人以至于一些撰写政治评论的作家发现他们无法解释这一现象，于是只有完全加以否定，如同莫里哀笔下的那位医生拒绝相信任何违背医术原理的病人存在治愈的可能。法国怎么可能在诸如税收不平等、习俗多样、征收城镇赋税与庄园徭役、行会林立以及官员横行这样的社会背景之下取得繁荣发展呢？尽管如此，法国依然开始变得富裕起来，各地区蓬勃发展，原因恰恰在于：这些畸形又混乱的体制似乎更适合用来阻止而非加速社会的发展；除此之外，两个非常简单而又强大的机制将整个社会凝聚在一起，并走向整体的繁荣。一个机制便是这样一个政府——强大但不专制，维持着各地的社会秩序；另一个机制则是这样一个国家——上层阶级是欧陆之上最有教养、最为自由的民族，其中个体可以自由地根据自身的能力追求财富和保有财富。

尽管国王以主人的身份号令天下，事实上他只是公共舆论的奴隶。他从后者那里获得一切灵感：他咨询公共舆论，畏惧它，迎合它。法律上他是绝对的权威，但现实当中受到限制。早在1784年，耐克尔就在一个公共文件里说："外国人很少理解公共舆论在法国所行使的权威力量，他们很难真正地理解这一隐形的力量甚至统治着皇宫。然而，事情的确如此。”说这番话时，耐克尔将此视作无可争议的事实。

错误地将一个民族的伟大和富强仅仅归于法律制度，实在过于草率。因为这方面与其说是完善的体制的产物，不如说源于可用权力的强大程度。看看英国：该国的法律要比我们复杂、变化和不规则多少倍！然而哪个欧洲国家会有比英国更高的公信力，或者拥有更加广泛、变化、安全以及更加安宁、富裕的社会？这一点并非来自这个或那个优秀的法律，而是来自渗透在整个英国法律体系内的那种精神——个别器官的不完善不会导致机体整体官能失去实际功效，因为生命的精神如此顽强。

随着法国社会逐步繁荣发展，人们的思想变得更加浮躁不安；公众的不满日渐激烈；而对旧制度的憎恨也日益增加。整个国家显然正在走向革命。

不仅如此，那些进步最大的地区几乎就是大革命的主要舞台。称作“法兰西岛”的旧行政区留存下来的档案证明旧制度在巴黎辖区内最早和最彻底地实施了改革。没有哪个财政省能如此好地维护农民的自由和财产。徭役也早在 1789 年之前很久就已消亡。人头税的征收则比其他地区更加温和、均衡和有规律。浏览一下 1772 年对人头税进行改革的法律对那些想知道总督的权力——无论为了善恶——究竟多大的人来说绝对至关重要。这一法律所规定的税收焕然一新：政府专员每年巡视堂区一次，召集整个社区开会，个人财产的相对价值均公开确定下来，每个公民的生活手段也以公平讨论的方式加以确认，于是人头税征收的基数由负担税收的公民共同决定。理事不再享有专断的特权，而过去的那种无意义的暴力手段也得以废除。无疑，在这个最好的税收征收制度下，人头税保持了它内在的缺陷。它只对一个阶层的纳税人征收，影响到他们的财产和产业，但在其他所有的方面都和邻近省区的人头税大相径庭了。

另一方面，旧制度保存得最为完好的地区应该在卢瓦尔河（the Loire）四周，尤其靠近河口、普瓦图（Poitou）的沼泽以及布列塔尼（Brittany）高地等地区。这些是内战爆发的地区，大革命在那里受到了最为顽强而暴力的抵抗。甚至可以说，法国人条件改善得越好，越加对现状难以忍受了。

人们对这种奇异的现象惊讶不已，但类似的情况历史上比比皆是。

革命并非总是经由一个愈来愈糟糕的日益恶化的情形所产生。那些已经耐心且几乎无意识地忍受最为严重的压迫的民族却常常在情况稍加改善之时爆发了抵抗统治的反叛。一场革命所毁灭的制度几乎总是已经对之前的旧体制进行了改良，而经验教导我们考验坏政府的关键时刻乃是就要看到它迈出第一步改革的时刻。除了伟大的天才，一个业已长久压迫臣民的君主试图解放其臣民则注定要失败。邪恶的统治在无法逃避之时尚能长久忍耐，然而，一旦逃避的念头出现之后，这统治便令人难以忍受。得到纠正的冤情进而揭示出那些未被披露的其他冤情，从而令后者又添新的伤痛：如果伤痛减弱，病人的敏感度则进一步加大。封建体系从未像此刻即将毁灭之际如此受到法国人的憎恨。路易十六的专权行径尽管看起来微不足道，却远比路易十四的一切专制行为更难以忍受。对博马舍[①]（Beaumarchais）的短暂监禁在巴黎所引

---

① 博马舍（1732～1799），法国剧作家、发明家、外交家，以三部费加罗戏剧而出名。1792 年 8 月曾入狱一周。

发的人们情感上的骚动甚至超过了龙骑兵对新教徒的迫害[①](Dragonnade)。

没有人在1780年有过法国在衰败的想法，相反，法国似乎正在取得无限的进步。就在此时，一个理论开始出现：人类可以获得持续但不确定的完善。20年前人们对未来没有丝毫的期待，但1780年则无所畏惧。想象力预示着拥有闻所未闻的福祉的一个新时代即将到来，将人们的注意力从当前的幸福上移开，从而极力关注和追求新事物。

产生这一现象除了这些普遍的原因之外，还有些其他特殊但同样有效的原因。尽管财政的治理随着其他方面一起取得了进步，专制政府所造成的种种缺陷仍旧困扰着财政。财政的决策秘密而无人负责，因此路易十四和路易十五时期的糟糕政策依旧得到沿用。政府为发展社会繁荣所做的努力、偶尔花费在资助贫穷百姓上的善款以及所承担的公共工程结果都增加了财政开支，却并没有相应增加财政收入。因此此时国王所面临的困境比此前的几任尤甚。和前任一样，他不断地令债权人苦恼；不通过公开的竞标就私下里到处借款。他的债权人从未确信能够收回利息；的确，他们的资本的唯一保证只是君主的个人信誉。

据当时一位值得信赖、亲眼目睹当时情形且比大多数人更适合观察者位置的见证人描述："法国人和政府打交道需要冒着巨大的风险。倘若他们投资国债，永远无法确认利息得以支付的时间。倘若他们为政府造船、修路以及为军队制装，却无法保证政府是否能还贷款以及欠款何时能还清；事实上，就像计算有可能在一个高度投机的投资项目中盈亏的概率一

① 指1685年路易十四时期龙骑兵对新教徒的迫害。

样，他们也被迫计算和政府各部门的合约可能会有怎样的盈亏。”这位见证人又非常合理地补充说：“当时，尤其工业的发展促使人们无比地渴望获得财富和追求安逸舒适的生活，那些借钱给国家的人尤其感到恼怒，因为那个最应该高度认真地尊重合同法规的债务人却践踏了法律。”

这里对法国政府陋习的批判并不新鲜，但视角却与众不同。早期的财政制度中存在着更加惊人的缺陷，后来政府和社会体制都发生了一些变化，这些变化也使得这些缺陷比之前更加令人难以容忍。

在此20年间，中央政府业已异常积极地介入一切新兴的行业之中，因而成为最大的工业品消费者和王国的最大的工程承包商。结果与政府有生意往来的人员数目激增，亦即那些有意借款给政府、投资政府项目和食其俸禄的人。此前，私人财富从未和国家财政有过如此深入的关联。糟糕的财政管理此前业已成为一个公害，而今更是给上千户私人家庭带来灾难。到1789年，国家欠民众的债务接近6亿，这些债权人则身负债务，他们的痛苦则因国家的玩忽职守给全体民众所带来的个人伤害进一步加剧。应该注意到这个不满政府的阶层日益烦恼，人数也日益增长。随着生意规模的扩大，投机的热潮、对财富的渴望和对舒适生活的追求一时蔓延为社会风气。在这一背景下，30年前人们尚能毫无怨言地忍受上述种种政府恶行，此时再也难以忍耐了。

随之而来的结果便是：资本家、商人、生产商以及其他各类生意人和金融家曾经常常是整个社会最为保守的阶级、政府的坚定支持者，对其所鄙视或憎恨的法律始终忍耐和服从，如今比任何一个阶层都更不顺从，更加坚定地倾向改革。他们特别坚定地支持对财政体制实施彻底革新，但从未料到政府某个部门的激烈变化必然会导致最后整个体制的覆灭。

那么这样一个大的灾难如何能加以避免呢？一边是一个对财富的欲望日益增长的民族，另一边则是一个不断煽动和扰乱民心的政府。后者时而点燃了人们贪婪的欲望之火，时而又让他们感到绝望，二者最终导致了政府自身的覆灭。

第17章

减轻民众的重负如何竟激起了反叛

法国民众在140年间从未真正出现在政治舞台之上，于是他们有可能出现在那里的可能性便被遗忘，而他们的反应迟钝则被视作充耳不闻的明证。因此，当他们的命运开始引起关注之时，社会开始公开讨论他们的生活，好似民众并不知道这一讨论。当时看起来讨论只有上层社会能够听到，而唯一的危险则是这些人未必能够准确地理解这一问题。

那些对民众的愤怒最为畏惧的阶层公开并最为热烈地讨论民众已深受其害的残酷的不公正。他们乐于彼此间互相指出压迫民众的制度的荒谬与邪恶。他们使用修辞技巧来描述民众的疾苦以及微薄的劳动报酬。于是，他们努力给下层民众减负，结果却促使后者揭竿而起。我不是说那些文人，而是指中央政府，指自身处于特权阶层之中的那些政府代理人。

距离大革命爆发还有13年的时候，国王打算废除徭役。他在敕令的前言里宣称：

除了若干三级会议省，王国境内几乎所有的道路皆为最为穷苦的臣民所无偿修建。一切负担都落在那些没有财产、只有劳动力的人身上，而所修道路与他们利益却甚少相关。与这些道路真正利益相关的那些土地所有者随着路况的提高同时增加了其财富，他们却享有免于徭役的特权。我们强迫穷人维护道路却对他们的时间和劳动不付任何报酬，结果剥夺了他们唯一对抗贫穷与饥饿的保障，迫使他们只能为富人的利益终生劳役。

同时，政府试图废除工业行会制度对工人的束缚，于是以国王的名义宣布："劳动权在一切财产之中最为神圣，侵犯此项权利的任何法律本质上皆为无效，违反自然权利。而且，现存的行会乃不正常的专制制度，是自私、贪婪、暴力的产物。"这样的表述实在过于危险，然而徒劳地空说愈加危险。几个月之后，行会和徭役又重新恢复了实施。

据说是杜尔哥以国王的名义说出这番话的，大多数他的继任者纷纷加以效仿。1780 年，国王宣布此后人头税的增加需要在全国公示，同时他又小心翼翼地补充评述道："那些需要负担人头税的人不仅受到了令人烦恼的征收手段的折磨，而且随时需要面对征收数额的增加，结果臣民当中最为贫困者所支付的税收的比例比其他阶层所要支付的数额快速地增加了很多。"接着，国王一方面不敢平等地征收税收，同时又试图在征收那些已由所有阶层共同负担的税收时施行平等原则："陛下希望富人不要抱怨和穷人此时应该履行同样的税收，富人本该在很久之前就开始更加平等地承担税收。"

尤其在饥荒的日子，特权阶层采取了更多的措施来煽动民众的激情，而不去提供资助。一名总督为了鼓励富人的慈善行为会这样提到："那些拥有一切的土地所有者对待穷人的劳作表现出不公正和无情的态度；他们宁愿穷人在替他们辛勤劳作后累垮了身体，然后饿死。"在类似的情况下，国王宣布："如果穷人被迫从事由富人确定工资水平的工作，随后却因缺少基本的生活资料而受苦，陛下将诚意保护这些穷人。王上将不允许一部分人沦为另一部分人贪婪行径的牺牲品。”

末了，王权即将覆灭之时，政府不同的行政权力之间争斗不休，导致了这种类似的冲突：一方总是会指责另一方是造成民众悲惨生活的根源。这明显地体现在国王和图卢兹(Toulouse)最高法院之间关于粮食运输的争执当中。最高法院宣称："中央政府的错误决策危及穷人的基本生存。"国王则回答说："造成公共危机的乃是该地最高法院的野心和富人的贪婪。"结果，双方都竭力在让民众相信他们的苦难终究是由上层决策者所造成的。

这些事件并非出现在私人信件之中，而是出现在中央政府与最高法院辛辛苦苦地印制了数千份的公共文件当中。在解释这些事件的过程中，国王无情揭露了一些前任和自己的劣行："好几代国王的恣意挥霍的统治之后，国库已经捉襟见肘了。许多不可让与的领域所出卖的资金大大低于应有的价值。"在另一个场合，他又被迫大胆地说出更多的真相："行会制度乃是为了满足国王们财政上的贪婪的特殊产物。"进而他又评论说："倘若金钱经常被浪费在无意义的费用上，而人头税已被增加到过分的地步，那么这个结果就该由财政官员们负责，他们认为秘密征收人头税是最容易解决问题的手段，于是便依靠它，尽管几乎任何一个其他方法都能减轻臣民们的负担。"

国王的这番话都是针对有教养的阶层说的，目的是向他们证实与某些私人利益相对立的措施很有作用。对于民众来说，他们自然听到了一切，却一定无法理解。

必须承认，促进给穷人减负的这一善行其实隐藏着对他们相当多的不屑。这令人想起根据伏尔泰秘书的描述，杜莎特雷夫人曾毫不介意地在其仆人面前换衣服，因为她并不将男仆视作男人。

上述引用的危险的言论不单单属于路易十六和他的朝臣。作为民众憎恨的直接的目标，那些特权阶层同样如此。必须承认，法国的上层阶级早在开始畏惧穷人之前就已经关心他们的生存条件：他们一直关心民众的疾苦，直到后来才意识到这些疾苦会导致自己的灭亡。这在1789年之前的十年间尤其突出。农民成为上层社会谈话的主题，而且充满同情。人们不断提出减轻农民负担的方案，农民所受到的不公得以曝光，压迫他们的税收法规遭到公开谴责。然而，这些新朋友当初对于农民的冷酷显得相当轻率，如今对于农民的同情同样如此。

1779年法国若干地区的省份召开了议会，后来则有了全国各省的议会。我们可以阅读下这些省议会所作的简报，研究下它们留下来的公共文件，你会感动于其间的人性、惊讶于其语言的过度轻率。

诺曼底的省议会1787年宣称："国王用于修建道路的经费经常按照富人的利益来使用，而对穷人毫无作用。结果修缮了通往某个城堡的道路，而忽视了一个城镇或乡村的入口。"该议会的贵族和教士两大等级在描述了徭役制度的罪行之后突然提出捐献5万里弗尔用来改善道路状况。用他们的话来说，目的就是"在不花费百姓钱财的前提下疏通省内的交通系统"。将徭役更换为一个普遍的税收，并让特权阶层缴付部分税收，这样对他们来说本不苛刻。然而，即便赞同废弃不平等的征税体系，他们也愿意保留名义上的豁免特权。他们牺牲掉权利中有用的部分，却保留了可憎的部分。

其他的省议会整体上由一直享有也想要继续享有人头税

的人士所组成。这些议会以同样冷峻的笔调描绘了税收给穷人所带来的痛苦。他们将税收造成的各种苦难勾勒出可怕的样子，并印刷成小册子广为传播。而且，更加奇怪的是，对民众福祉的关心一方面激发起这些令人影响深刻的言论，另一方面上层人士仍旧时常流露出对民众的轻蔑。下层民众既激发了他们的同情，可又一直受到后者的鄙视。

上古延省省议会一方面为农民的生存条件热情申辩，一方面又将他们称为“无知粗鄙的生物、麻烦制造者、没有教养而又桀骜不驯的家伙”。杜尔哥曾为民众的利益所做甚多，却也使用非常类似的语言来称呼他们。

同样无情的表达出现在广为人知、以农民为读者对象的文件当中。这些文件的作者好似生活在欧洲的某个类似加利西亚[①]（Galicia）的国度，那里的上层社会和下层人说着不同的语言，也难以为后者所理解。18 世纪的封建律师们经常对那些土地保有人或其他各种债务人表现出不同寻常的公正、温和以及关照，但偶尔仍旧称他们为“低俗的农民”。这些侮辱人的言词看起来像是公证员所用的技术词汇。

到 1789 年之前，社会对于民众的同情变得更加温暖和草率。我手上有些由若干省议会在 1788 年初发给几个堂区百姓的公告，征询他们所受痛苦的详情，其中一份公告由一位修道院院长、一位上层贵族、三位贵族和一位资产阶级起草，他们都是议会成员并行使议会的权力。这个委员会指导每个堂区的理事召集农民询问他们对税收的征收方式有何需要申诉的。公告这样说道：“我们意识到大多数税收，尤其盐税和人头税，给农民带来了灾难性的影响。但我们想要确认每一

① 当时西班牙西北部的一个自治区域，拥有两种不同的官方语言。

个具体冤屈的细节。”省议会表现出来的好奇心还不止如此。他们想知道：每个堂区免于税收的人数；他们是贵族、教士还是平民；他们所享特权的性质；他们的财产的价值；是否居住在自己的土地上；堂区有多少教会财产，或者用当时的话来说，有多少不可售出的永久管业以及价值几何。甚至连这些询问都不足以满足议会的要求，他们想要知道：倘若税收均摊在每个人身上，包括各项税收、人头税及其附加税、人口税、徭役等，那么每个特权人士应该承担的税款份额是多少。

这简直点燃了每个民众个体的激情：让他们历数自己的苦难，指出这些苦难的制造者，暗示他们这部分制造者人数较少，于是进入他们的内心世界激起他们的好奇心、嫉妒和仇恨，仿佛雅克里（the Jacquerie）、麦洛丹（the Maillotins）和西斯廷（the Sixteen）三次暴乱早已被忘记，仿佛无人知晓：法国人只要生活安宁，他们天性就是最温和甚至最善良的民族，然而一旦暴力的激情扭曲了他们的本性，他们便成为最野蛮的种族。

不幸的是，我不能够获取农民对这些致命的询问所做出的回答，但我已经发现了一部分答案，足够表明全部答案的本质特征。

他们给出了每一个特权个人的名字，无论是贵族或资产阶级。偶尔他们会描述特权者的生活方式，但无一例外地批判这种生活。他们仔细地计算这个人的财产价值，讨论他的特权的数量和特征，尤其是给周围的人所带来的伤害。这些农民计算作为义务缴付给他们的小麦的数量，嫉妒地估算他们的收入，指责他们的收入没有帮助到周围的人。农民们又开始转向牧师的花费，认为牧师的工资过高。他们怨愤地控诉教会无税不抽，一个穷人甚至无法免费得以安葬。他们指责政府任意分配这些压迫人的税收。没有一项税收得到农民的认可，他们用激烈的语言义愤填膺地指责这些税收。

他们认为：

> 间接收取税收相当可恨。没有一户人家没有被收税官员破门而入过，在他们眼中手中不存在神圣的事物。印花税令人难以承受，而人头税的征收者则是个暴君，他贪婪地利用一切手段骚扰民众。执事们也一样凶残，没有一个诚实的农民得以幸免。为了避免自己沦为这些暴君贪婪的牺牲品，征税人被迫让周围邻居的生活彻底破产。

这个调查不仅预示着大革命的到来；其实它就是大革命的一部分，说着它的语言，带着它的特点。

16 世纪的宗教改革和 18 世纪的法国大革命之间差异众多，其中有一点特别让人印象深刻。16 世纪大多数贵族出于野心或利益上的动机而选择了新的宗教，相反，民众出于坚定的信仰而接受新的宗教，丝毫没有期待会从这一变化中得到什么利益。到了 18 世纪的法国，情况则完全不同。正是无私的原则和慷慨的同情使得上层阶级应声革命，但下层民众则为自己的痛苦和怨愤所煽动，狂怒之下意欲改变现状。上层社会的热情进一步煽动起民众的愤怒与贪欲，结果反而促使民众武装起来革命。

第 18 章

帮助政府完成对民众施行革命教育的若干措施

政府长久以来努力的结果却是在民众的脑海中灌输了若干现在可以称之为“革命性”的思想——这些原则对个人的私有权利抱以敌意，这些论调倾向于诉诸暴力。

法国国王对待最古老、基础最牢靠的旧制度态度轻蔑，在这方面做出了典范。无论是他的恶行还是创新、奢靡还是干练，路易十五以这一切动摇了君主制，加速了大革命的爆发。民众本以为最高法院和君主制一样古老，看起来也同等强大，结果最高法院覆灭和消亡。民众便隐约地推断一个暴力的时代就在眼前，此间一切皆为可能——没有什么事情因为古老而受到尊重或者因为新颖而不可尝试。

在整个路易十六统治期间，他仅仅大谈改革，大革命最终推翻的旧制度当中没有几个他未曾提过要推翻的。他颁布法令推翻了其中最糟糕的几个，但旋即加以恢复，仿佛他只想彻底根除这些制度，而将削弱它们的任务留给其他人。

他所实施的一些改革突然而剧烈地改变了受尊敬的旧制度，其他的改革则损坏了既有的权益。这些改革为大革命铺平了道路，与其说清除了大革命道路上的障碍，不如说展示给民众如何实现大革命。加重恶行的乃是国王及其幕僚的纯洁而无私的动机。因为最危险的例子莫过于那些动机善意的人们为了有意义的目的却采取了暴力。

很久之前，路易十四就已在其敕令中推广他的一种理论，即王国之内的一切土地本质上都是国家有条件地给予土地所有者的，因此国家才是唯一的土地所有人——目前的所有人只拥有使用权以及一个不完全、不确定的名头。这一观点本出自于封建制度，但在法国历史上从未真正公开宣扬过，直到这一封建制度走向灭亡的时刻，法律体制也从未承认过它。

在随后的王权统治之下，中央政府极力以民众容易理解的方式教育他们私人财产应该予以蔑视。在 18 世纪下半叶，中央政府疯狂地忙于兴建公共工程，毫无顾忌地占有一切工程所需的土地，并拆除一切成为工程障碍的房屋。那时的路桥管理局和现在一样醉心于按照有着几何魅力的直线距离来兴建工程。它仔细避开一切稍微有些曲折的现有的道路，但为了避免曲折的路线，宁可穿越上千个田产。由此遭到损毁或破坏的田产若想得到赔付，过程总是随意而拖沓，有时候甚至根本得不到赔偿。

当下诺曼底的省议会从总督手中取得了全省的行政管理权之时，可以确定，过去 20 年里被公共权力机关所占有的所有土地的价值尚未得到赔付。国家欠这小片法国角落的债务达到了 25 万里弗尔。但很少有土地保有人的利益受到损害，负担主要落在了小的土地保有人身上，因为土地通常都按小片划分。这一大批个人根据自己的经验都知道私人权利根本无法与公共利益抗衡：当将这一观点应用到自己的利益上之时，他们当然不可能忘记这一教训。

很多堂区都设立了慈善制度，用捐赠的基金在一些特别的事情上资助堂区居民。王权制度在后期通过内阁敕令破坏和改变了大多数这些制度，也就是说通过政府的专断决定。它们通常从村镇挪走这些慈善基金，用于兴建附近的医院。在进一步执行这个原则的同时，中央政府将医院的财产从其原先的所在地转移并应用到其他用途之上，而慈善基金的创立者无疑不会同意这些用途。医院的相当多的财产本具有不可让与的权益，但政府却命令医院出售它，进而上缴到国库，由国库支付利息。政府官员认为这样做能以比当初捐助人的目的更好的方式使用慈善基金。他们忘记了教导人们如何践踏个人的生存权利就是无视死者的愿望。后来的政府从未像旧制度那样对死者的遗愿表现出如此鲜明的轻蔑。同时，这个政府从未表现出英国人那般的重重顾虑：他们会借全社会之力来帮助每个公民实现自己的遗愿，结果英国人对一个人的记忆显示出比这个人本身更大的尊重。

强行征用、强制出售产品以及价格控制全都由旧制度的中央政府使用过。我发现每逢饥荒，公共官员就会限定农产品必须出售的价格，拒绝将粮食送到市场的农民将会遭到惩罚，处以罚金。

在所有的教训之中，最为恶毒的一个就是在一些刑事案件中对民众的处理方式。穷人在与富人、有权势的人的诉讼中要比想象中得到更好的保护。然而，当他们要和国家打交道时，如前所述，由怀着偏见的法官所组成的非正常的陪审团对他们进行审判：司法流程迅捷而又虚假，事先就已做出的判决多半就是终审。“国王陛下指定宪兵队长及其副手监控一切与粮食短缺相关的运动和集会，要求所有的案件均由他们当场审理决定，且不可上诉，同时禁止任何法庭接管此类案件。”这个内阁敕令便是整个18世纪的法律。当时的警察在报告里显示：在这方面的案件里，夜间包围可疑的村庄，凌晨之前破门而入，无须任何其他理由和许可即可逮捕那些可疑的农民。尽管法令宣称每个被指控的人应该在逮捕后24小时内审讯，但他们经常在监狱里遭到相当长时间羁押后才能面见法官。这个法律条款既不比我们的时代更加宽松，也未受到更多的尊重。

于是一个温良而又根基牢靠的政府日复一日地教导民众遵守一个刑事法律体系，这个体系最适合革命的需要和暴政的意愿。这一教育完全公之于众，最终使得最下层的百姓受到了这一危险的教育。在这方面，甚至连杜尔哥都照搬他的前任。1775年，当他推行的粮食法案导致最高法院的抵制和农村地区的骚乱，他便从国王那里请了一道法令，将所有骚乱者的案件审理权从普通法庭的管辖权范围里剥离开来，完全交由宪兵队长处置。该法令称："警察的审讯主要意在镇压民众的暴乱，此时就需要迅捷地处理这些案件。"根据此项法令，农民们远离堂区，必须携带由牧师和理事签名的证件，否则受到宪兵队长的起诉、逮捕以及作为流浪汉受到惩罚。

的确，18世纪的王权惩罚的形式非常恐怖，但处罚又总是很节制。它的主要原则重在恐吓而非伤害，或者说，由于习惯和冷漠显示出专制和暴力，但同时又本能地温和。但迅捷的审讯程序在政府管理中仍然非常普遍：处罚得越轻，它的痛苦的罪恶就越加容易被忘却。温和的判决隐藏着审判的严酷。

因为我掌握着这些事实，所以我敢断言大革命政府所采用的众多法律程序都可以在王权过去两百多年间对抗下层百姓所采用的措施之中找到先例。旧体制为大革命提供了众多形式上的规则，而大革命只是进一步发挥了旧制度精神的野蛮特性。

第19章

政府的大变革如何爆发于政治革命之前，以及由此产生的后果

在政府的形式改变之前，大多数规范个体状况与公共事务管理的法律均已被废弃或修订。

行会制度先是遭到破坏，后来又得到部分、不完整地恢复，这完全改变了此前二头与工匠之间的关系。这一关系如今变得不确定而又紧张。对主日工作的规定业已废弃，而国家的监管尚未完全建立起来。结果，工人处在受限而尴尬的境地，不知道应该向国家还是工头寻求保护或监管。都市里的所有底层百姓突然之间沦于这一不确定而又无政府的状态，当民众重回政治舞台之际，这种状态便导致了极其严重的后果。

就在大革命爆发的前一年，一道皇家敕令推翻了整个法律体系，新的审判机构建立起来，旧的机构遭到废止，过去的一切管理法官资格的规则已经改变。现在，如我此前已经说过的那样，整个法国所雇用的法律方面的人员队伍庞大无比，包括负责聆讯和执行判决的人。事实上，几乎所有的中产阶级的生活都和法庭发生着关系。因而法律的结果会影响数千家庭的地位和财富，它们的状态顿时变化莫测起来。敕

令同样置诉讼当事人于不幸的境地：在改革法律体系的混乱时刻，他们既不清楚自己的案件应该适用哪条法律，也不明了应该由哪个法庭来审理该案件。

然而，最重要的是，1787 年，中央政府自身激进的改革最终导致公共事物一片混乱，并扰乱了千家万户的生活。

如前所述，在占据法国四分之三面积的财政区省，各个省区的政府事务均置于总督一人之手，既无监督者，更无顾问。

1787 年，各省建立起议会，成为各省区真正的管理机构。各个村镇都选举产生一个地方机构来替代旧的堂区机构，并普遍地替代了各地的理事。

于是，一个与历史完全相反的制度，一个完全颠覆了公共秩序与人际关系的制度，不得不同时应用到这个国家的每个地方，而且完全不同于旧的习俗和各省的具体情况。因此，旧的中央政权充斥了大革命所具备的整齐划一的精神，而大革命将要毁灭旧政权。

当时可以清楚地看到习惯何等显著地影响了政治制度的运作，以及人们如何更加方便地借助他们所习惯的艰深而复杂的法律体系来处理事情；而使用一个对他们来说崭新而愈加简单的法律体系似乎反而不适应了。

旧制度下的法国各地方的权力机构五花八门，形形色色，各自的权力范围既无限制又不清晰，结果一个机构的管辖领域和其他机构相互重复，但公共事务却得到了有序的处理，相对比较简捷。相反，新的权力机构数量较少，管辖范围受到充分地限制和和谐地调整。然而，这个体制一经开始运行，彼此之间就互相倾轧和冲突，致使公共事务一片混乱，直至瘫痪。

而且，新的制度存在的一个重大缺陷自身足以造成制度的实践发生困难，尤其在制度运行伊始。这个制度下的一切权力机构均需集体决策。

旧制度之下，政府仅有两套治理方案。一方面，当政府掌握在少数个人的手中时，这个个体便在没有任何议会机构的协助下实施管理；另一方面，像财政区省和大城市那样，若存在议会机构，行政权便没有交付给任何个人掌管。议会不仅负责行政权力的管理和监督，而且直接地或者指定暂时的委员会来实施法律。

既然存在这两套制度方案，一个废止之际便是另一个实施之时。非常奇特的是：在如此开明的一个社会，政府长久以来扮演领导者的角色，居然没有人想到过将两套方案结合起来，没有人想到不必将二者割裂开来，而只需要将行政权与监管权加以区分。这一思路虽然简单，却从未有人意识到它，直到 19 世纪才有了这个发现，可以说这是公共管理领域唯一值得称道的发现。我们不久就会看到相反思路的恶果：国民公会[①]（the National Convention）所采纳的制度将政府管理的习惯带入政治领域，继续遵循旧制度的传统，但同时又憎恶它。各省议会和地方机构纷纷效仿这一制度，结果先前业已造成公共管理尴尬局势的诸多原因又导致了雅各宾派恐怖专政的出现。

1787 年，国家授权各省议会行使政府治理的权力，从而在几乎一切事宜上取代了总督。省议会有权在中央政府的领导下分配和征收人头税，有权选择和全面指导一切公共工程

---

① 国民公会，为法国大革命时期的一个革命组织形式（1792～1795）。在它之前有国民议会（the Nation Assembly）与立法议会（the Legislative Assembly）两个革命组织形式。

的建设。从督察员到工程的监工，路桥管理局的所有官员直接听命于省议会。议会根据自己的判断决定工程项目，上报给大臣，并建议给予补偿的人员名单。议会成为地方政府机构的保护者，有权审讯（比如之前由总督负责的）大多数诉讼，履行那些不适合一个集体决策且不负责任的机构的一系列职责，尤其这些职责对这个机构的成员来说相当陌生。

这场制度上的混乱最终以一个错误而终结：总督被剥夺了权力，但官职却保留了下来。尽管剥夺了他的专权，依然要求他协助省议会并监督它，仿佛一个沦落了的官僚职位能够协助剥夺了他权力的立法机构，甚至能成为它的一部分。

同样的遭遇也出现在总督的代理人头上。政府指定地方议会在省议会的指导下履行代理人的职责。基本原则和上述总督的情况一致。

从 1787 年各省议会的会议记录和它们自己的报告来看，我们可以了解到它们似乎从一开始就或明或暗地与总督们相互斗争，后者利用自己所有优越的办事经验尽力阻止他们的议会达到目的。一个省议会抱怨说几乎没办法从总督的手中夺取到最重要的文件。另一个省议会则被总督指责要竭力攫取皇家敕令所留给他的权力。他上诉到大臣那里，后者要么不作回应，要么虚与委蛇，因为大臣对这些事务和别人一样陌生。有时候议会确定总督应该对治理不当负有责任，他所批准修建的道路或方向错误或疏于维护，并且指责他任由本该好好保护的社区最终崩溃。议会的议员们对公共事务相当无知，缺乏经验，他们经常犹豫不决，结果让信使们一直在路途中奔波。欧什（Auch）的总督就宣称自己有权反对省议会批准一个行政乡自行确定税额。议会则回答说这件事情上总督除了提供建议之外没有其他权力，而且它还给“法兰西之岛”省议会去信询问对此事的意见。

这些相互间的指责和咨询经常延宕了公共事务的治理，有时甚至使之完全中止。公共生活似乎顿时陷入停滞之中。洛林的省区议会的下述评语不过只是代表了其他省区议会的心声而已：“公共事务的处理完全停顿下来，所有的好公民就此感受到了痛苦。”

新的权力机构在其他方面则错误地展开了过多的活动，过分地依赖自身。它们热情四溢，给别人带来麻烦；这样的热情促使它们想要用一支笔来改变一切旧体制，想要在短期内纠正最为根深蒂固的陋习。它们又以城市保护者的姿态对地方事务进行管理。一言以蔽之，它们试图改善公共事务，结果成功地将一切事务弄得一团糟。

现在可以考虑一下中央政权在法国长久以来所造成的巨大影响，考虑一下它所影响到的种种利害关系，以及需要寻求它的支持或帮助的大批事务。我们应牢记个人更依赖政府而不是他们自己，以确保自己事业的成功和行业的发展，以保证自己的生活来源、修建和维修自己的道路、维护和平以及确保自身的福利。然后，我们可以计算一下该有多少民众因为政府管理的混乱无序而深受其害。

这个新体制的恶行在乡村里体现得最为明显，它不仅扰乱了旧的权力分支，而且突然改变了个人相互之间的关系，并令几个等级相互敌视。

1775 年，杜尔哥向国王建言改革农村里的管理架构，如他所言，此时他所遇到的最大的困难来自税收分配上的不平等。因为当时堂区管理机构的主要任务就是分配、征缴和使用税款，而民众在税收上受到了不平等的压迫，依旧有些人完全免除了税收，那么怎么可能使得民众在堂区事务上一起谋划并且共同行动呢？每个堂区都有一些贵族或教士不必缴付人头税，有些农民部分甚至全部减免，其他人则须全额缴付。于是形成了三个完全不同的“堂区”，每一个都希望按照自己的方式来治理堂区，因此问题便难以解决。

乡村也是全国最典型的税收不平等的地区，也只有在这里民众才分裂为完全不同且互相敌视的阶级。在试图实现乡村的集体治理和自由治理之前，本该先行实现税收的平等征收，从而改变阶级和等级的极大差异。

但这些并非是1787年改革的目标。堂区内旧的等级差别依旧因为所负担的不平等的税收而存在，而整个地区的管理都交由集体选举出来的机构负责，于是直接导致了一些极为奇特的后果。

因为牧师和庄园主分别来自教士和贵族等级，他们本不能出席选举当地官员的会议，而选举出来的官员便成了第三等级的单一代表。

然而，随着地方理事会选举完毕，牧师和庄园主却又成为当然的成员，因为若将堂区的两位代表居民排除在管理机构之外，似乎显得不合时宜。庄园主尽管不参加选举，不能参与理事会的大多数决策，但他依旧会主持地方理事会的会议。例如，庄园主和牧师享受人头税的豁免，因而无权对人头税的分配和征收投票。反过来，理事会无权干预对他们征收的人头税，这一税收依旧由总督按照特别设立的程序进行征收。

他名义上对理事会加以指导，却又完全独立于该机构之外。然而为了避免这个理事会的支持人继续间接施加对其他等级利益不利的影响，有人建言剥夺庄园主的租户的选举权。各省议会在回复这一点的咨询问题时认为该建议正确并符合正确的原则。堂区内的其他贵族居民不可以参加理事会，除非农民们将他们选入其中。即便如此，规则也特别要求他们只能代表第三等级。

于是庄园主出现在理事会现场，却沦为自己旧日臣民的臣民。农民们成为他的主人，而他与其说是他们的首领，倒不如说是他们的阶下囚。的确，整个理事会的主要目的不像是将不同等级融合在一处，更像是向他们展示彼此间的巨大差异和利益上的对立。

此时的理事依旧不被信任，因而民众从未在感情上认可他的职位，还是随着整个社区地位的提高他的职位——他依旧是整个社区的首领——也日渐重要？无法给出确切的答案。我见过一份 1788 年一位乡村执事写的书信，愤怒地抱怨自己被选举为理事："这严重侵犯了本人职务的荣誉。"内阁总管则回复认为这位官员的想法需要修正："必须让他明白同胞的选举乃是一种荣耀。而且，新的理事职位将和此前同一头衔的职位大不相同，应该可以期待获得中央政府更大的尊敬。"

另一方面，就在农民们成为国家的一支力量之时，堂区的首善公民和贵族人士突然开始渴求和农民们一起合作。巴黎附近一个乡村里的一位庄园主兼高级司法官员抱怨敕令使得他甚至不能以一个普通堂区居民的身份参与到堂区议会的会议当中。其他贵族则声称"自己很乐意献身于公共福利以及担任理事的职务"。

一切都来得太迟了。随着富裕的阶层不断回归乡村，当地的民众却不愿意过多接触。前者试图和农民们融合一处，民众却断绝和贵族的交流，甘愿保持业已习惯了的孤立的状态。一些地方议会拒绝将他们的庄园主收纳为成员，另一些地方议会则竭尽全力反对接纳富裕的平民。下诺曼底的省议会宣称："我们得悉若干地方议会拒绝接纳未能常住在本地的土地保有人，可后者作为当地的平民，拥有无可争辩的权利来占据议会的席位。另一些地方议会拒绝接纳那些在其辖区内没有地产的农民。"

因此，一切都是与次要的法律相关的创新、没落和冲突，然后才触及规范中央政府的基本法。一切仍在起作用的制度均遭到撼动，没有一项法律或规则政府未曾表示过要废除或修正。

此时，法国大革命前夕，一切政府管理的规则和习惯都突然而彻底地受到重新构建。如今人们很少能记得这件事情，但当初这就是一个伟大民族历史上最为引人注目的大动乱之一。它就是大革命之前的第一场革命，对第二场革命产生了惊人的影响，并使大革命空前绝后。

尽管第一次英国革命推翻了该国的政治体制，甚至一度废弃了王权，却几乎没有触及次要的法律，对通行的做法与习俗也未作任何变化。司法和行政权力依旧遵循旧制度和旧规矩。在英国内战的关键时刻，据说英格兰的 12 位法官继续在全国范围内履行半年一次的巡回法庭的审判工作。可见战争并未影响全国，革命的效应得到了控制。英国的上层社会虽然遭到震撼，但社会的根基依旧稳固。

而我们业已见到 1789 年以来的数场革命都彻底变革了政府制度的整个体系。大多数革命以突然而暴力的方式爆发，公然践踏现存的法制。然而没有一场革命导致了长久而普遍的混乱，民众在生活中很少感受到革命的动荡，有些革命甚至在全国大多数地区没有受到任何关注。

原因在于，1789 年以来的政府管理体制在历次政治动荡之中总是保持了稳定。国家的统治者和中央政权的形式虽然发生了更迭，但日常事务的处理均未受到扰乱或中断。每个公民在处理个人的琐碎事务上服从于他所理解的法律和习俗。他不得不和自己已经打过交道且未经改革的二级权力机构打交道。因为如果说每场革命都砍掉了政府的头颅，那么它的躯体未加触动，依旧保持着活力。结果同样的官僚体系继续以同样的精神、同样的程序，但在不同的政治体制下履行着相应的职责。他们先后以国王、共和国和皇帝的名义掌管司法，处理公务。命运的车轮不断转动，同一批个体周而复始地以同样的方式先后为国王、共和国和皇帝管理着这个国家，为谁服务又有何区别呢？他们的任务是做个称职的执行者和管理者，而不必是好公民。因此，一场动荡过后，整个国家似乎毫无改变。

政府各部门虽然隶属于中央政权，却与民众个体关系最密切，对民众的福利会产生最大最持久的影响。大革命爆发伊始，这些政府机构旋即被推翻，中央政府突然更换了所有的官员和原则。一开始政府似乎尚未从这场气势宏大的改革中感受到重创，但每个法国人却已经历了个人生活的动荡，没有人能幸免于在等级、习惯和工作上遭受扰乱。尽管重要的国家事务仍旧按照正常的秩序进行处理，然而在构成了日常生活常规状态的琐碎事宜上，无人知晓应该遵循谁的指令、找谁解决以及如何行动。

此时，整个国家的体制的根基遭到了全方位的毁坏，最后一击足以撼动整个国家的制度体系，从而产生了有史以来最大规模的动乱和最为恐怖的混乱。

第20章

大革命如何必然从前述状况中爆发

作为本书的结论，我希望将此前分别描述过的各类情况放在一起分析，从而在已经勾勒出来的旧制度景象的基础上考察大革命如何自发地从旧制度之中得以爆发。

需要记住，法国当时是唯一一个这样的国度：封建制度保留着伤害和激怒民众的特质，同时又丧失了一切益处和作用。即将废除这一欧洲旧制度的大革命在法国而非其他欧洲国家爆发，似乎并不令人感到惊讶。

同样要记住，法国当时是唯一一个这样的封建国家：贵族已经丧失了其固有的政治权利，丧失了治理政府和领导民众的权利，但他们依旧保留并且极大增加了财政上的豁免权和作为该等级的个人特权；虽然地位受制于人，贵族依旧是一个紧密的团体，越来越脱离了贵族的特质而更像一个社会等级；这样我们立即就能明白贵族的特权为何对于法国人民而言如此神秘而又可恨，明白为何大众的嫉妒之火当时熊熊燃烧在法国人民的内心深处，至今仍未熄灭。

最后还要记住，贵族拒绝接纳中产阶级，因此与他们分隔开来；贵族失去了民众的爱戴，因此也与他们分隔开来；结果在国家的政治生活中孑然一身，看起来是一支军队的首领，实则不过是没有士兵的一群军官。因而很容易理解为何在存在了 1000 年之后贵族体制可以在一夜之间遭到推翻。

我已经介绍了王权如何废除了各省的自由权利，取代了整个王国四分之三的地方权力机构的地位，并垄断了一切大小公共事务。我也已经介绍了巴黎如何最终必然成为国家的主人而非首都，甚至可以说巴黎代替了整个国家。这两个事实唯法国独有，独此二者就足以体现一场反叛如何能够成功地推翻这样一个王权的统治：它在过去如此漫长的时期经历了如此剧烈的震荡，然后在覆灭的前夕依旧在攻击者面前显得岿然不动。

政治生活此前已经如此长久而彻底地遭到清除——个人已经如此彻底地丧失了参与公共事务的习惯、评判世事的能力、关于民众运动的知识，甚至不了解人民的概念。结果法国人自然而然地陷入一场恐怖的革命，而未能预见它的爆发——在大革命中，那些最惧怕它的人却走在了前列，并致力于为大革命的来临清除障碍、拓宽道路。

缺少自由的制度，因而也就缺少政治阶层、活跃的政治团体和有组织的政党。于是重要的公共舆论的职责一旦复苏，自然会完全处于哲学家们的影响之下。在此基础上，可以预见大革命的实践将很少从具体的事实出发，将会更多地运用抽象的原则和普遍的理论。可以预见，大革命不会去攻击具体的法规，而会对所有法律一起加以攻击，试图以这些文人所设想的一套新政府体制来代替旧的法国制度。

教会与一切大革命将要毁灭的旧制度混杂在一起，因此显然大革命一方面会撼动宗教制度，一方面颠覆了世俗权力。结果民众的思想摆脱了宗教、习俗和法律施加给改革者的一切束缚，因此无法断定大革命的鲁莽行为究竟能达到何等高度。每一个研究法国国情的学者能够理解没有大革命不敢尝试的鲁莽行为，也没有大革命不敢尝试的狂热暴力。

伯克在其一篇脍炙人口的手册中惊叹道："人们居然不可能找到一个人能够为最小的地区负起责任，也无人可以为其邻居负责。身为保皇派、温和派或其他任何派别的人在家中被捕，甚至无人反抗。"伯克根本不了解当时的情况是他所哀悼的王权已经消亡。旧政权剥夺了法国人帮助彼此的权利和愿望。而当大革命爆发之际，在法国大部分地区，无法找到十个人习惯于按一定的规矩协同合作以及保卫自身，一切事情均交与了中央政权。然而，当这个中央政权最终让位于一个神圣但不负责任的议会时，前者的温和换成后者的凶猛，一切都无法阻止或延迟大革命。同样的根源推翻了王权，也使得王权覆灭之后一切皆有可能。

先前的时代从未像 18 世纪这般普遍地宣扬或者彻底地接受宗教的宽容和在权威、人性、仁爱等方面的节制。好战的思想——作为暴力思维的最后的栖身之所——受到了限制，严酷程度得到了软化。可就要从这个有教养的社会的核心地带即将爆发一场多么不人道的革命啊！然而，这种教养的提高并非虚妄之相，因为大革命的第一波凶猛势头一旦受挫，这种教养就随之软化和减弱了法律体系和政治习俗的精髓。

为了理解大革命之中温良的理论和暴力的行动之间的反差，我们必须记住正是这个国家最文明的阶级酝酿了这场革命，却又由最粗野、最无教养的阶级来实践。前者缺乏相互联合的纽带和共同的信念，且无法掌控人民，于是后者便在旧权力体系废止之后完全控制了革命的发展方向。即便在他们未能控制的领域，民众的影响也举足轻重。只要看一眼民众在旧制度下的生活状况，就很容易想象他们如何成为大革命时刻的状态了。

这些特殊的条件使得大革命的民众缺少德性。他们长久以来身为自由的土地保有人，在独立而又孤立的境遇中变得节制而骄傲。他们历经磨难，无视生活的种种快乐，甘愿忍受无论多么巨大的不幸，从而坚强地面对任何危险。他们是一个单纯而雄浑的民族，不久以后所组建的军队在整个欧洲称雄，但也因此成为一个危险的主人。几百年来无人分担他们所承受的各类强权的压榨，独自生存，默默地酝酿着自己的种种偏见、嫉妒和憎恨，严酷的命运造就了他们的冷酷无情，结果他们能够忍受任何苦难，也能够给别人带来苦难。

这就是当时的法国民众，此刻掌控着政权并致力于实践大革命。它希望从书本之中找出一个理论，以为该理论可以付诸实践，同时重新改造了那些文人的思想以迎合自身的激情。

仔细研究过法国 18 世纪历史的学者必定已经注意到先前论述过的两种主要激情的发生和发展的历程，二者未能共存或者拥有相似的趋势。

一种激情最为深刻也最为根深蒂固——即对不平等的憎恨，剧烈而又难以消除。这一激情的产生和发展来源于显著的不平等，它驱使着法国人以不可抗拒的稳定的力量来寻求彻底破坏中古制度的一切残余，推动在旧社会的废墟上建立一个新社会——每个人应该彼此相似，并在人性许可的范围内享有同等的地位。

另一种激情则于不久前刚刚产生，不那么根深蒂固。它促使民众尽力追求平等与自由。

等到旧制度即将终结之际，这两种激情同等热忱，看起来同等活跃，在大革命伊始相遇并合二为一，一经接触便相互借势，进而点燃了整个法国的心脏。1789 年无疑是个幼稚的年份，但也是个慷慨、热情、雄浑和伟大的年份。这是一个记忆不朽的时代，即便当年的目击者和我们这些后辈逝去很久以后，人们照旧会带着景仰和崇敬回首那个时代。当时的法国人对这一事业有着足够的骄傲，完全地相信自己能够同时享有自由和平等。由此他们在民主制度之中培育起自由的制度。那些过时的制度将民众分裂为阶级、等级和行业，给予他们权利上的不平等远甚于等级上的不平等。他们并不满足于击碎这些制度，而是一举取消了其他一切法则。这些法则均为后期王权所创造，褫夺了整个国家管理自己的权利，并让政府成为每个法国人的导师、监护人以及在必要的情况下成为压迫者。中央集权制最终随着专制的王权一同崩溃。

然而，正如各个时代承担此类历史使命的人一样，揭开大革命序幕的活力充沛的这一代衰弱下来乃至最后消亡。同时，就在这一特征的历史事件的自然发展进程之中，对自由的热爱已然受挫，并在无政府状态和群氓的暴政之下日渐萎缩，这个迷茫的国家开始臣服于一个主人。此时，无数的条件都用来恢复专制制度，而且那些天生具有继续和破坏大革命双重能力的天才人物很容易就能发现这些条件。

事实上，旧制度包含着一大批现代的制度类型，它们并不敌视平等，可以在新的社会体系中加以实施，可又给专制制度的建立提供了突出的条件。人们却在旧制度的废墟中寻求和发掘这些制度，它们之前所产生的习惯、激情和思想倾向于令民众分裂而驯服，后来又得以恢复和重新加以使用。中央集权制灭亡之后又得到复苏。因此，曾经遏制其发展的一切要素仍旧处于废弃的状态，从这个业已废除王权的国家的内部便会涌现出一股力量，后者要比任何国王曾经所行使过的权力更加广泛、细致和专制。这项事业显得不可思议地勇猛、史无前例地成功，因为人们只想到眼前之所见，而忘却了过去。暴君虽已没落，但其暴政的最实质的成分依旧留存：王权政府虽已灭亡，王权的行政管理制度依旧存活下来。自此之后，无论何时有人试图推翻一个专制政府，实际上不过是将自由之头颅安在一个习惯了奴役的身躯之上而已。

在大革命之后的时代，随着时光荏苒，人们追求自由的激情经常在熄灭之后再度燃起，周而复始。这种情形还将持续下去，因为自由的激情在法国依旧幼稚，难以管束，易于在挫折和恐吓下遭到击败，而且流于肤浅，稍纵即逝。同时，追求平等的激情本已深入人心，如今又深深扎根于人们的内心深处，葆有最真挚的情感。这两种激情，一个随着世事处在不断地变化当中——时而增长，时而消弭，时而劲力十足，时而气势尽失；另一个则始终如一，带着固有的时常盲目的赤诚奋斗不息，为达目标甘愿牺牲一切。任何政府只要乐于培植专制制度所需的习惯、思想和法制，追求平等的激情便随时准备为这样的政府服务。

人们若不能以超越法国大革命的眼光看待它，它便永远无法为人所洞识。要了解它就必须参照它先前的历史时代，对过去的旧时代认识模糊，对旧时代的法制、缺陷、偏见、苦难和伟大之处认识模糊，便无法理解大革命之后的 60 年间法国人的行为。甚至这样的认识仍旧不够，人们还需要多少了解一些关于我们这个民族的根本特性。

当我考察法国民族本身特质的时候，我便情不自禁地认定它比法国历史上任何一桩历史事件都要独特。这个地球上还有任何一个其他国家像法国一样具有如下这些特征吗？各种对比如此丰富，行为上如此极端——更多地受制于情感而非原则的统治；总是比想象的更好或更差——时而低于人性的普通水平，时而又远远高于它；这个民族的基本特征从不改变，结果今天依然可以从人们两三千年前所作的描述中认出其民族特性，然其日常观念和喜好变化多端，以致民族特性对于其自身而言竟是个谜，如陌生人一般对所见之民族历史惊讶不已；习惯于循规蹈矩，然一旦被迫采纳新习俗却又随时准备将相关原则发挥到极致，随时准备尝试任何新鲜事物；这个民族本质上桀骜不驯，却更喜好君主的专制甚至暴力的统治，胜过热爱一个由首善公民们组成的自由而合法的政府；今日是一切奴役的死敌，明日又热情地与奴役结盟——这种热情连奴役状况最为突出的国家都难以匹敌；无人反抗之时始终受到官僚体制的治理，一旦稍有反叛整个国家又难以管控——结果那些畏惧民众太多或者太少的统治者总是受尽欺瞒；从未自由到无法限制自由，也从未受限制到无法打破枷锁的程度；有能力追求每一个目标，却又仅仅擅长于战争；乐于崇拜机会、力量、成功、荣耀、喧哗胜过真正的荣誉；这个民族具有英雄的气质而非德性、天才的禀赋而非理性的常识；长于在理论上进行宏大的设计而非实现伟大的事业；它既是欧洲最为了不起的国度，也是最危险的国度；它必然招致各国的艳羡、憎恨、恐惧和同情，但永远不会对它置之不理。

因此只有法国而非其他欧洲国家能够以如此迅捷、激进而又如此急躁的方式发动一场革命，其进程之中却又充满了众多错误、自相矛盾的事实以及相互冲突的细节。如若没有上述我所列举的种种原因，法国人本可以避免这场大革命，然而必须承认：即便这些原因也不足以说明这样的一场革命必然也会在法国之外的国度爆发。

现在，我已经来到这场难以忘怀的大革命的起点——但目前我暂不打算开始讨论大革命事件本身。也许不久以后我就能够从事这项工作。我将把大革命的根源放在一旁，转向考察大革命自身的状况，从而进一步去评判大革命所产生的那个社会。